CB074906

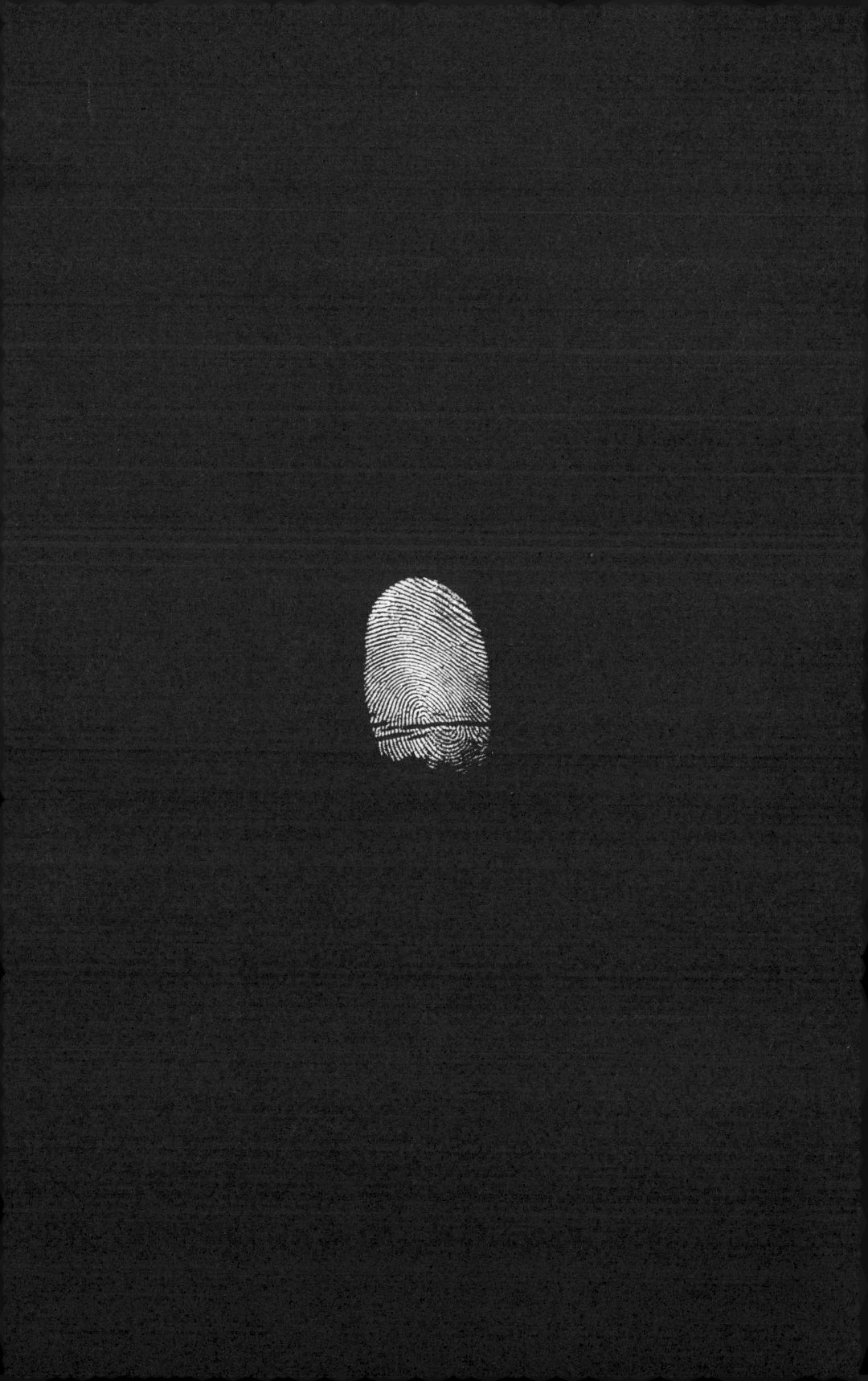

SOCIALKI

LERS.COM

AMIGOS VIRTUAIS, ASSASSINOS REAIS

Copyright © 2014 by RJ Parker Publishing, Inc.
Tradução para a língua portuguesa
© Lucas Magdiel, 2015

Tradução publicada mediante
acordo com RJ Parker Publishing
Todos os direitos reservados.

Diretor Editorial
Christiano Menezes

Diretor Comercial
Chico de Assis

Editor Assistente
Bruno Dorigatti

Assistente de Marketing
Bruno Mendes

Design e Capa
Retina 78

Designer Assistente
Pauline Qui

Revisão
Marlon Magno
Retina Conteúdo

Impressão e acabamento
Gráfica Geográfica

DADOS INTERNACIONAIS DE CATALOGAÇÃO NA PUBLICAÇÃO (CIP)
Angélica Ilacqua CRB-8/7057

Parker, RJ
Social killers: amigos virtuais, assassinos reais /
RJ Parker, JJ Slate ; tradução de Lucas Magdiel.
- - Rio de Janeiro : DarkSide Books, 2015.
272 p.

ISBN: 978-85-66636-45-1
Título original: Social Media Monsters: Internet Killers

1. Homicidas em série 2. Psicopatas 3. Investigação
4. Redes sociais 5. Disturbios da personalidade
I. Título II. Magdiel, Lucas

15-0661   CDD 364.1523

Índices para catálogo sistemático:
1. Homicidas em série

DarkSide® *Entretenimento LTDA.*
Rua do Russel, 450/501 - 22210-010
Glória - Rio de Janeiro - RJ - Brasil
www.darksidebooks.com

RJ PARKER
JJ SLATE

SOCIAL KILLERS.COM

AMIGOS VIRTUAIS, ASSASSINOS REAIS

TRADUÇÃO
LUCAS MAGDIEL

CRIME SCENE®
DARKSIDE

"O mundo é um lugar perigoso
de se viver, não por causa
daqueles que fazem o mal, mas sim
por causa daqueles que observam
e deixam o mal acontecer."
ALBERT EINSTEIN

(Em *The Harper Book of Quotations*
(1993), de Robert I. Fitzhenry.)

Sumário

INTRODUÇÃO	012
01 ▶ ARMIN MEIWES	020
02 ▶ MICHAEL JOHN ANDERSON	026
03 ▶ JOHN STEVEN BURGESS	032
04 ▶ CHRISTIAN GROTHEER	038
05 ▶ THOMAS MONTGOMERY	042
06 ▶ DAVID RUSSELL	048
07 ▶ ROBERT FREDERICK GLASS	052
08 ▶ JOHN EDWARD ROBINSON	058
09 ▶ ANN MARIE LINSCOTT	064
10 ▶ BRIAN HORN	070
11 ▶ ANTHONY POWELL	076
12 ▶ DAVID HEISS	082
13 ▶ LISA M. MONTGOMERY	088
14 ▶ EDWARD FRANK MANUEL	096
15 ▶ GEORGE BERNARD LAMP, JR.	100
16 ▶ HIROSHI MAEUE	106
17 ▶ JOHN KATEHIS	110
18 ▶ PETER CHAPMAN	114
19 ▶ KORENA ROBERTS	120
20 ▶ O SERIAL KILLER DE LONG ISLAND	126
21 ▶ CHRISTOPHER DANNEVIG	138
22 ▶ PHILIP MARKOFF	146
23 ▶ DAVID KELSEY SPARRE	154
24 ▶ CHRIS DEAN	160
25 ▶ LACEY SPEARS	166
26 ▶ KYLE DUBE	176
27 ▶ MARK ANDREW TWITCHELL	182
28 ▶ MIRANDA BARBOUR	188
29 ▶ RICHARD BEASLEY	194
30 ▶ RICHARD ALDEN SAMUEL MCCROSKEY III	206
31 ▶ WILLIAM FRANCIS MELCHERT-DINKEL	214
32 ▶ DEREK MEDINA	224
33 ▶ BRADY OESTRIKE	230
34 ▶ COMO AS AUTORIDADES USAM AS MÍDIAS SOCIAIS PARA CAÇAR CRIMINOSOS	238
35 ▶ SEGURANÇA NA INTERNET	251
EPÍLOGO	263
SOBRE OS AUTORES	268

Introdução

ASSASSINATO
SEQUESTRO
CANIBALISMO
SUICÍDIO
–
–

RJ Parker // JJ Slate

SOCIAL KILLERS .COM

Assassinato. Sequestro. Canibalismo. Suicídio. Você encontrará todos esses temas nas 33 histórias a seguir. Trata-se de narrativas reais sobre diversos assassinos que fizeram uso da internet para buscar, atrair e perseguir suas vítimas ou para se aproveitar delas de alguma forma. No decorrer deste livro, você lerá relatos chocantes e conhecerá um pouco sobre a vida de predadores virtuais de todo o mundo.

Este livro foi escrito de modo a ajudar o leitor a compreender o/a assassino(a), oferecendo informações biográficas a seu respeito e, quando possível, expondo as razões que o/a levaram a cometer os crimes. Costuma-se identificar tais assassinos como pessoas motivadas por um fator psicológico: alguns são movidos por ciúme ou raiva, outros matam como uma forma de chamar atenção, e outros ainda o fazem pelo simples "barato" de matar. Infelizmente, as verdadeiras razões por trás de alguns atos homicidas sobre os quais você lerá neste livro nem sempre são conhecidas ou compreendidas.

Estas histórias evidenciam que qualquer pessoa pode acabar vítima de um assassino on-line, mesmo que o criminoso more do outro lado do mundo. Como se proteger desses perigos? No último capítulo do livro, falaremos sobre a importância da privacidade na internet e como evitar compartilhar informações pessoais na rede, uma prática perigosa que pode levar à morte.

Você vai saber como assassinos estão usando todo tipo de mídia social para atrair suas vítimas, como a Craigslist, o Facebook e salas de bate-papo. Você também conhecerá a história de pessoas que se juntaram para cometer assassinatos.

Ao final de cada narrativa, você terá acesso ao desfecho das histórias, com o relato da apreensão, do julgamento e às vezes da morte desses criminosos. Fizemos uma pesquisa meticulosa, colhendo informações das mais variadas fontes com o intuito de chegar a um encadeamento preciso dos fatos, dando detalhes sobre a vida pregressa do criminoso, seus crimes e os efeitos de sua passagem pelo mundo. Durante a leitura, entretanto, lembre-se de que estamos tratando de pessoas e casos reais.

Embora o foco deste livro sejam os assassinos que se valem das mídias sociais como canais para satisfazer seus impulsos homicidas, é importante ressaltar que não foi a era da internet que deu origem a esses criminosos; na verdade, eles sempre estiveram entre nós. A internet, com sua grande variedade de mídias sociais, apenas conferiu aos atuais assassinos acesso mais fácil às vítimas. Destacamos a seguir alguns dos mais notórios assassinos desse tipo.

THE LONELY HEARTS KILLERS ("OS ASSASSINOS DOS CORAÇÕES SOLITÁRIOS")

Na era pré-internet, os assassinos costumavam usar a seção de classificados do jornal para encontrar as vítimas. Raymond Martinez Fernandez e Martha Beck eram um casal de serial killers apelidado de "Lonely Hearts Killers" ("Assassinos dos Corações Solitários") ou "Honeymoon Killers" ("Assassinos da Lua de Mel"). Juntos, os dois mataram, entre 1947 e 1949, nada menos que vinte mulheres que conheceram por meio de anúncios que publicavam nos classificados de namoro de jornais locais. Raymond nasceu em 17 de dezembro de 1914. Serviu como oficial da Marinha Mercante durante a Segunda Guerra Mundial, mas, ao retornar para casa depois da guerra, sofreu uma fratura no crânio em um acidente a bordo do navio. Passou três meses no hospital e, após receber alta, era outro homem. Alguns acreditam que foi o ferimento que o transformou em um assassino frio e calculista.

Depois da guerra, começou a trocar cartas com mulheres que postavam anúncios nos classificados de namoro do jornal. Depois de conhecê-las pessoalmente, roubava todo o dinheiro que tinham, bem como joias e outros pertences. Não raro, as mulheres se sentiam demasiadamente envergonhadas para denunciá-lo à polícia. Raymond conseguiu ludibriar muitas mulheres dessa forma.

Acredita-se que sua primeira vítima de assassinato foi uma mulher que ele namorou por um curto espaço de tempo. Jane Lucilla Thompson foi encontrada morta em um quarto de hotel na Espanha, para onde os dois tinham viajado juntos. A polícia não pôde determinar a causa da morte. Raymond conseguiu se apoderar de todo o dinheiro e pertences de Jane ao falsificar a assinatura dela em um testamento.

Raymond também conheceu Martha Beck a partir de um anúncio na seção de classificados de namoro de um jornal. Os dois trocaram cartas enquanto Raymond morava em Nova York e Martha na Flórida. Encontraram-se pela primeira vez em 1947, quando Raymond lhe fez uma visita. Ele confessou a Martha que se habituara a marcar encontros com mulheres que conhecia pelos classificados para logo em seguida roubar tudo o que tinham. Os dois tornaram-se sócios e começaram a aplicar golpes juntos. Martha fazia-se passar por uma irmã ou cunhada de Raymond.

A espiral de crimes não demorou a culminar em assassinato. Eles passaram a matar juntos e descobriram que gostavam do que faziam.

A primeira vítima do casal foi Janet Fay. Martha golpeou-a na cabeça com um martelo depois de flagrá-la na cama com Raymond, que em seguida estrangulou Janet até a morte. A dupla homicida chegou a matar dezessete mulheres, incluindo o bebê de uma de suas vítimas.

Graças à agilidade de raciocínio de um vizinho desconfiado que morava ao lado de uma das vítimas, a polícia fechou o cerco sobre o casal homicida – que tinha se apossado da casa – e levou-os à delegacia para interrogatório em 28 de fevereiro de 1949. Eles logo reconheceram seus crimes e assinaram uma confissão de 73 páginas.

Condenados à morte, os dois foram executados na cadeira elétrica no mesmo dia, na prisão de Sing Sing, em Nova York, em 8 de março de 1951. Raymond foi executado primeiro e sua parceira logo em seguida.

THE WANT AD KILLER ("O ASSASSINO DO ANÚNCIO DE EMPREGO")

Harvey Carignan nasceu em 18 de maio de 1927. Teve uma infância conturbada, marcada por distúrbios comportamentais e enurese. Quando completou 8 anos, sua mãe levou-o para morar com os tios, que não tardaram a mandá-lo de volta para casa. Aos 10 anos, foi morar com a avó, que logo o transferiu para a casa de outra tia. Quando o garoto fugiu e voltou para a casa da mãe, ela tentou interná-lo em um orfanato. Por fim, aos 12, foi parar em um reformatório, onde permaneceu até os 18. Anos mais tarde, Harvey afirmou que funcionárias da instituição teriam abusado sexualmente dele. Tão logo completou 18 anos, Harvey se alistou no Exército e foi designado para trabalhar em Anchorage, no Alasca.

Em 1949, foi condenado à morte por enforcamento no Alasca pelo estupro e assassinato de uma mulher chamada Laura Showatler. Sua sentença de morte, porém, foi revogada depois que seus advogados conseguiram convencer o tribunal de que ele foi coagido a confessar o crime. Harvey foi posto em liberdade condicional em 1960, mas continuou a se complicar com a Justiça por causa de vários crimes, tais como invasão seguida de roubo e assalto. Em 1973, Harvey publicou um anúncio procurando empregados para trabalhar em seu posto de gasolina. Uma jovem chamada Kathy Miller respondeu ao anúncio. Seus restos mortais foram encontrados um mês mais tarde, embrulhados em uma folha de plástico e descartados em uma reserva indígena no estado de Washington. A cabeça dela fora esmagada com um martelo. Foi esse homicídio que renderia a Harvey apelidos como "O Assassino do Anúncio de Emprego" e "Harvey do Martelo".

Depois desse crime, Harvey fugiu do estado e, ao longo do ano seguinte, sequestrou diversas mulheres. Muitas delas pediam carona na estrada. Após abordá-las, ele as atacava com um martelo e as estuprava. Depois de consumar o ato, ele libertava algumas das vítimas e várias conseguiram de fato escapar. Outras, entretanto, não tiveram tanta sorte. Estima-se que Harvey tenha matado pelo menos cinco mulheres e estuprado outras dez antes de 1974, quando finalmente foi pego.

Em seu julgamento, Harvey defendeu sua inocência alegando insanidade mental. Por fim, foi diagnosticado com um grau severo de transtorno de personalidade antissocial. Foi considerado culpado de sodomia pelos ataques brutais a duas mulheres, Jerri Billings e Gwen Burton, e recebeu uma sentença de sessenta anos de prisão, mas, devido às leis de Minnesota, foi condenado a cumprir "apenas" quarenta anos desse total. Posteriormente, foi indiciado pelo assassinato de outras três mulheres, Kathy Miller, Eileen Hunley e Katherine Schultz. Ele reconheceu-se culpado desses assassinatos, acumulando uma pena total de 150 anos de prisão. Porém, em última análise, teria de cumprir "apenas" quarenta anos da pena e com isso poderia receber liberdade condicional já em 2015. No entanto, em 1997, aos 72 anos de idade, Harvey desenvolveu um câncer de próstata, e, segundo relatos, encontra-se em péssimo estado de saúde.

"O ESTUPRADOR DOS CLASSIFICADOS"

Bobby Joe Long nasceu em 14 de outubro de 1953, em West Virginia. Antes dos 10 anos, já tinha sido atropelado em duas ocasiões, tendo sofrido graves lesões na cabeça em ambas as vezes. Ele nasceu com um cromossomo X extra, o que o teria levado a desenvolver seios durante a adolescência. Também tinha um relacionamento conturbado com a mãe, que servia bebidas em um bar e em cuja cama ele dormiu até os 13 anos.

Em 1981, começou a responder anúncios de jornal de mulheres que vendiam itens de mobília e utensílios domésticos variados. Ao entrar em uma casa, se pudesse ter certeza de que a moradora estava sozinha, ele a estuprava. Mais tarde, passou a contatar mulheres pelos classificados populares da região, tais como o *Penny Saver*. Estuprou pelo menos cinquenta mulheres dessa forma. O criminoso também gostava de perambular pelas redondezas à espreita de mulheres que estivessem sozinhas em casa e com uma placa de "Vende-se" no quintal.

Em 1984, Bobby promoveu uma matança. Ao longo de oito meses, assassinou pelo menos dez prostitutas e outras mulheres a quem dera carona. Foi preso em novembro de 1984 e recebeu dupla pena de morte pelos seus crimes. Permanece até hoje no corredor da morte, na Flórida, onde aguarda ser executado.

Embora os crimes cometidos pelos "Assassinos dos Corações Solitários", pelo "Assassino do Anúncio de Emprego" e pelo "Estuprador dos Classificados" tenham ocorrido muito antes do advento da internet, os crimes que eles cometeram e os métodos por eles empregados para encontrar suas vítimas guardam muitas semelhanças com alguns dos casos sobre os quais você lerá a seguir.

ARMIN MEIWES

1

Add as friend

JOÃO E MARIA,
FRANKY E
UM POUCO DE
STAR TREK
–
–

RJ Parker // JJ Slate

SOCIAL KILLERS .COM

A internet tem facilitado enormemente certas tarefas do dia a dia. Com apenas alguns cliques, por exemplo, você pode comprar roupas, alimentos e mandar entregar uma refeição na porta da sua casa. Armin Meiwes usava a internet para encomendar um tipo incomum de comida: carne humana!

Armin Meiwes nasceu em 1º de dezembro de 1961, na cidade de Kassel, Alemanha. Seus pais pouco se interessavam por ele, por isso Armin teve uma infância solitária. Quando tinha 8 anos, seus pais se separaram e o pai deixou-o sozinho com a mãe. Conforme crescia, Armin mostrou-se um bom menino, obcecado com o conto "João e Maria" dos irmãos Grimm. Sua parte favorita era quando a bruxa engordava João para depois cozinhá-lo e devorá-lo.

A mãe de Armin era controladora. Ela o acompanhava a toda parte e vivia gritando com ele em público. No entanto, não estava de fato interessada na vida do filho, então Armin criou um irmão imaginário, o qual batizou de "Franky" e com quem discutia seus pensamentos. Franky lhe dava ouvidos, ao contrário da mãe. Aos 12 anos, Armin desenvolveu o desejo anormal de devorar seus amigos para que eles pudessem ficar com ele para sempre.

Em 1999, a mãe de Armin faleceu. Sozinho na grande mansão da família em Amstetten, o técnico em manutenção de computadores, então com 38 anos, montou um santuário para a mãe. No quarto dela, que manteve intocado, pôs um manequim de plástico na cama para fingir que a mulher ainda estava lá. Nessa época, Armin começou a se interessar por pornografia, em especial aquela que envolvia tortura.

A obsessão de Armin por vídeos pornográficos violentos na internet levou-o a um site chamado The Canibal Café. As pessoas que visitavam as salas de bate-papo do site tinham interesse em canibalismo. Embora o site exibisse um aviso de isenção de responsabilidade, que deixava claro que tudo aquilo não passava de fantasia, para Armin aquele era o lugar perfeito para encontrar sua vítima.

No ano 2000, Armin postou uma mensagem na qual afirmava estar em busca de "um homem jovem e robusto, com idade entre 18 e 30 anos, para ser abatido e devorado... Caso tenha entre 18-25, você é meu menino... Venha até mim e eu devorarei sua deliciosa carne". Armin recebeu muitas respostas, mas a maioria dos postulantes não foi até o fim. Um deles era um homem chamado Borg Jose. Borg encontrou-se com Armin, mas, após se deitar sobre a mesa, à espera do abate, pediu de repente que o outro o libertasse, pois estava enjoado. Armin deixou-o ir embora.

O último homem a responder à mensagem de Armin foi um engenheiro de 43 anos chamado Bernd-Jürgen Brandes. Bernd se declarava abertamente bissexual. Em 14 de fevereiro de 2001, entrou em contato com Armin e concordou voluntariamente em ser devorado por ele. Bernd escreveu: "Eu me ofereço a você e deixarei que se sacie do meu corpo ainda vivo". Nos dias subsequentes, Armin e Bernd trocaram mensagens discutindo como Armin deveria comer Bernd e o que aquele deveria fazer em seguida com o corpo deste. Bernd deu várias sugestões; uma delas era que seu crânio poderia servir de cinzeiro. Bernd perguntou a Armin se seria o primeiro homem a ser morto e devorado por ele, ao que Armin confirmou que sim, ele seria sua primeira vítima.

Em 9 de março de 2001, Bernd foi para a casa de Armin. Eles se beijaram, fizeram sexo e então Armin deu a Bernd pílulas para dormir, umas pastilhas Vick contra a tosse e um pouco de álcool. Em seguida, Armin tentou arrancar o pênis de Bernd com os dentes, mas não conseguiu, então Bernd colocou seu membro sobre a mesa enquanto Armin o decepava com uma faca. Bernd tentou comer o próprio pênis cru, mas concluiu que a carne era "borrachuda", difícil de mastigar. Foi quando Armin colocou o órgão genital em uma panela a fim de tentar fritá-lo com alho, sal, pimenta e um pouco da gordura de Bernd, para que os dois pudessem jantá-lo juntos. Entretanto, Armin queimou o prato, tornando-o intragável, e acabou dando-o de comer ao cão. A essa altura, os ferimentos de Bernd já o haviam levado a perder uma enorme quantidade de sangue. Armin colocou-o na banheira e passou as três horas seguintes lendo um livro de *Star Trek* enquanto Bernd perdia cada vez mais sangue. Ele continuou vivo por mais dez horas. Finalmente, Armin apunhalou Bernd repetidas vezes no pescoço e matou-o, pondo fim a sua dor.

Mas a morte não foi o fim para Bernd. Armin pendurou seu cadáver em um gancho de carne e começou a cortá-lo em pedaços menores. Chegou a tentar moer os ossos da vítima para transformá-los em farinha. Todo o corpo foi desmembrado e os pedaços foram armazenados no freezer. Nos dez meses que se seguiram, Armin foi descongelando e comendo pedaços da carne de Bernd. Ele também tinha filmado a si mesmo enquanto assassinava Bernd e desmembrava seu corpo.

Em novembro de 2002, como seu estoque de carne humana já estava chegando quase ao fim, Armin começou a procurar outra vítima. Como da vez anterior, Armin postou uma mensagem no site detalhando seu pedido, desta vez acrescentando mais detalhes sobre seus propósitos. Um estudante austríaco viu a mensagem e relatou o caso à polícia. Em 11 de dezembro de 2002, a polícia fez uma visita surpresa à casa de Armin, onde encontraram o que sobrara da carne de Bernd juntamente com um vídeo que registrava o assassinato e os atos de canibalismo, além de diversas imagens de pornografia e tortura. Armin foi preso e confessou imediatamente o assassinato. Durante sete meses, a polícia reuniu elementos para abrir um inquérito contra Armin enquanto vasculhava seu computador em busca de mais provas.

Em 17 de julho de 2003, Armin foi acusado de assassinato. Como já se esperava, foi um julgamento polêmico, pois muitos achavam que Bernd não havia sido forçado a nada, já que se oferecera para ser morto e devorado. Em 30 de janeiro de 2004, Armin foi condenado por homicídio culposo e recebeu uma sentença de oito anos e meio de prisão. No entanto, em abril de 2005, o tribunal ordenou um novo julgamento. Os advogados de acusação alegavam que Armin deveria ser condenado por homicídio doloso. Durante o novo julgamento, em janeiro de 2006, destacaram como as motivações de Armin satisfaziam seus desejos sexuais. Também argumentaram que Bernd não estava em condições de tomar decisões, visto que se encontrava bêbado e sob o efeito de drogas. Em 10 de maio de 2006, a sentença de Armin Meiwes foi convertida para prisão perpétua.

MICHAEL JOHN ANDERSON

2

Add as friend

ELE SÓ QUERIA
EXPERIMENTAR
A SENSAÇÃO DE
MATAR ALGUÉM
—
—

RJ Parker // JJ Slate

SOCIAL KILLERS .COM

Desde os primórdios da internet, muitas pessoas têm usado sites para encontrar emprego. A Craigslist é um famoso portal de classificados dos EUA com diversas seções para quem está interessado em vagas de trabalho, produtos, serviços, moradia etc. Houve portanto grande espanto quando, em outubro de 2007, Michael John Anderson encomendou uma vítima de assassinato através da Craigslist. Ele foi o primeiro assassino a ser conhecido como o "Assassino da Craigslist".

Michael estudava mecânica automotiva na Cedar Alternative High School, localizada na cidade de Eagan, no estado americano de Minnesota, mas acabou abandonando os estudos. Trabalhou por algum tempo em diversas oficinas mecânicas. Em 2007, poucos meses antes de ser preso, trabalhava reabastecendo jatos no aeroporto de St. Paul, em Minneapolis, no turno da noite.

Michael morava na casa dos pais na cidade de Savage. Tinha dois irmãos mais velhos. Na época, seu pai foi despedido da Northwest Airlines, onde o garoto já havia trabalhado como mecânico.

Não se sabe muito sobre a infância e a juventude de Michael, mas ele era tido como um bom garoto. Tinha amigos com quem costumava jogar videogame, embora fosse tímido com as mulheres. Ninguém esperava que um dia fosse fazer mal a alguém. Todos o julgavam um cara normal.

Até agora, não há nenhuma razão aparente que explique por que Michael planejou o assassinato de Katherine Ann Olson, de 24 anos. Ele só queria experimentar a sensação de matar alguém. Felizmente, Michael não planejara o que fazer depois disso e foi apanhado antes que pudesse prosseguir com sua carreira homicida e infligir mais dor e sofrimento.

Usando a Craigslist e passando-se por uma mulher chamada "Amy", Michael postou um anúncio à procura de uma babá. Quem teve o azar de responder foi Katherine Olson. Katherine havia cursado teatro e estudos hispânicos no St. Olaf College, formando-se em 2006. Também trabalhava temporariamente como babá. Em 25 de outubro de 2007, numa quinta-feira, depois de trocar muitos e-mails com "Amy", Katherine foi encontrar-se com a nova patroa, que lhe pedira para tomar conta de seu bebê das 10h30 às 17h. Antes de sair, Katherine comentou com sua colega de quarto que achara sua nova patroa um pouco estranha, mas que aceitaria o trabalho mesmo assim. Afinal, antes daquele, Katherine respondera a outros dois anúncios na Craigslist e já trabalhara como babá pelo menos duas vezes.

Katherine pensou que conheceria uma mulher ou um casal. Para sua surpresa, foi Michael quem atendeu a porta. De alguma forma, ele conseguiu levá-la para o andar superior, onde atirou em suas costas com uma Magnum .357. A autópsia revelaria que Katherine sangrou por quinze minutos depois de ser baleada. Ela também sofreu outras lesões quando Michael arrastou-a escada abaixo, enfiou seu corpo em um saco de dormir e atirou-o no porta-malas do próprio carro de Katherine. Ele levou o cadáver até a Reserva Florestal de Burnsville, a cinco quadras da casa dele, e lá abandonou o carro.

A bolsa de Katherine foi encontrada no dia seguinte em uma caçamba de lixo e foi entregue à polícia. Quando os investigadores ligaram para a casa de Katherine para avisá-la que haviam encontrado sua bolsa, quem atendeu foi a colega de quarto da garota, que contou que ela não retornara para casa depois de um trabalho como babá na véspera. A polícia lançou uma busca; com a ajuda de um helicóptero, os agentes localizaram o carro na reserva florestal. Horrorizados, descobriram o cadáver no porta-malas do veículo, com os pés amarrados pelos tornozelos. Em uma lata de lixo perto dali, encontraram o celular de Katherine, todo despedaçado e embrulhado em toalhas ensanguentadas. Uma das toalhas tinha o nome de Michael.

O endereço e o número de telefone de "Amy" eram os mesmos de Michael. Além disso, o e-mail usado por "Amy" pôde ser associado a ele. As provas eram contundentes. Ao revistar a casa de Michael, os investigadores encontraram sangue compatível com o de Katherine, principalmente nas escadas, por onde Michael arrastara o corpo, deixando marcas. No quarto do rapaz, descobriram uma arma e alguns cartuchos. Também havia respingos de sangue nas paredes e no colchão. Além disso, um vizinho vira o carro de Katherine estacionado em frente à casa de Michael por mais de duas horas na quinta-feira, o dia do crime. Não havia nenhum indício de que Michael e Katherine se conhecessem antes daquele dia. E não havia qualquer sinal de violência sexual.

Michael, então com 19 anos, foi preso em seu local de trabalho. A princípio, negou qualquer envolvimento no assassinato. Alegou que ele próprio não usava a Craigslist desde janeiro daquele ano, mas que a mãe e três amigos seus tinham acesso a sua conta. Também alegou que nunca entrara em contato com a vítima. No entanto, por mais que Michael se declarasse inocente, havia uma profusão de indícios incriminadores contra ele. Confrontado pela polícia, Michael afirmou que estava presente no momento do assassinato, mas que na verdade foi um amigo que cometera o crime, imaginando "que seria algo engraçado".

Michael foi indiciado por uma acusação de homicídio qualificado, com premeditação, e uma de homicídio simples. A defesa de Michael alegou que o acusado sofria da síndrome de Asperger, uma forma de autismo. No entanto, após alguns exames, concluiu-se que Michael não era doente mental. Além de todas as provas materiais, a promotoria destacou o fato de que ele nunca disse à polícia que o disparo foi acidental. E em nenhum momento mostrou-se arrependido de seus atos. Durante o julgamento, não testemunhou e também não manifestou remorso algum pelos seus crimes. Em 1º de abril de 2009, Michael John Anderson foi considerado culpado de ambas as acusações, além de homicídio culposo, e foi condenado à prisão perpétua sem direito à liberdade condicional.

JOHN STEVEN BURGESS

3

Add as friend

"PAI AMOROSO, FILHO DEDICADO E VETERANO CONDECORADO DA GUERRA DO GOLFO"

—
—

RJ Parker // JJ Slate
SOCIAL KILLERS .COM

Em 2007, a bela Donna Jou, então com 19 anos, era estudante do curso preparatório de medicina da San Diego State University. Aluna dedicada, Donna esperava se tornar médica um dia e se especializar no cuidado de pacientes idosos. Era voluntária em abrigos para mulheres vítimas de violência doméstica e ajudava a organizar campanhas de arrecadação de alimentos. Buscava sempre ajudar os necessitados, o que pretendia fazer pelo resto de sua vida. Em junho do mesmo ano, Donna decidiu passar as férias de verão na casa dos pais, situada na cidade de Rancho Santa Margarita, na Califórnia. Com o intuito de ganhar um dinheirinho extra, a garota postou um anúncio na Craigslist oferecendo aulas particulares de matemática.

Quem respondeu foi um homem de 36 anos chamado John Steven Burgess. De acordo com os autos, ele teria descrito a si mesmo como "um pai amoroso, um filho dedicado e um veterano condecorado da Guerra do Golfo". Donna não sabia, porém, que ele era um criminoso sexual condenado. Em 2002, John (então com 31 anos) fora condenado por agressão e por cometer ato indecente diante de uma menina de menos de 14 anos. John cumpriu uma pena de 146 dias de prisão e foi libertado sob a condição de que se registrasse como criminoso sexual, coisa que nunca fez. Em 2005, foi preso por agredir a ex-namorada.

Donna e John começaram um relacionamento virtual. Passaram quase um mês trocando e-mails, discutindo coisas como escola e família. John afirmaria mais tarde que Donna tinha lhe contado que sempre quis experimentar drogas. Foi quando ele a convidou para uma festa na casa dele.

Em 23 de junho de 2007, Donna pulou na garupa da moto de John para acompanhá-lo até sua casa, em Los Angeles. Foi a última vez que sua mãe, Nili Jou, a veria com vida. No dia seguinte, ao dar falta da filha, Nili chamou a polícia imediatamente.

Quando as autoridades bateram à sua porta, John recusou-se a cooperar. Pouco depois, pintou sua caminhonete, roubou algum dinheiro do colega de quarto e mudou-se para a Flórida. Para tentar despistar a polícia, começou a usar um nome falso, Logan Anderson. No dia 9 de julho, os investigadores descobriram uma caixa de ferramentas preta que John costumava deixar na caçamba da caminhonete. Dentro, encontraram uma corda, luvas de borracha, uma escova de limpeza e a placa de identificação da caminhonete, de sequência sinjin1. Quando os investigadores conseguiram finalmente localizá-lo, John foi detido por porte de drogas e omissão do registro obrigatório como agressor sexual por determinação de sua condenação prévia.

Os pais de Donna não saberiam do paradeiro da filha por mais dois anos. Em maio de 2009, John finalmente admitiu ter cometido o crime de homicídio culposo e contou à polícia sua versão do que acontecera naquela noite. Segundo John, quando os dois chegaram a sua casa, em Palms, ele deu à garota cocaína, heroína e álcool. Ao acordar, na manhã seguinte, ele a teria encontrado morta numa cadeira, coberta com o próprio vômito. Conforme relatou à polícia, ele teria então embrulhado o corpo de Donna em lençóis e, depois de enfiá-lo em uma grande bolsa militar de pano, depositou-o na traseira da caminhonete e seguiu em direção ao mar. "Fui até meu veleiro e entreguei-a ao oceano", disse.

John informou à polícia exatamente onde teria descartado o corpo de Donna no oceano, mas as buscas extensivas não deram em nada. Os restos mortais de Donna nunca foram encontrados. Parentes da garota não acreditam que ela tenha aceitado consumir drogas e morrido de overdose, como alega John. Não conseguem aceitar sua morte e agarram-se à mórbida esperança de que ela ainda esteja viva, sendo mantida em cativeiro em algum lugar. Eles chegaram até a contratar um detetive particular para procurá-la. "Já li histórias de pessoas que foram encontradas depois de muitos anos. Só me resta torcer para que eu tenha a mesma sorte", disse Nili a repórteres em certa ocasião.

John recebeu uma sentença de cinco anos de prisão depois de se declarar culpado de homicídio culposo, dos quais cumpriu apenas dois antes de ganhar liberdade condicional. A família de Donna ficou indignada.

Em julho de 2012, duas mulheres ligaram para a polícia com novas denúncias contra John. De acordo com jornalistas, ambas responderam a um anúncio na Craigslist postado por um homem chamado "Johnny". Ele prometia ceder um quarto isento de aluguel em troca de serviços domésticos, como fazer comida e limpar o apartamento. As duas mulheres, que não se conheciam antes de responder ao anúncio, visitaram o apartamento de John no mesmo dia a fim de conhecê-lo. Depois de saber que elas eram escritoras, John começou a lhes narrar uma "história real", ainda que meio desconexa, sobre sua vida e sobre a morte de Donna Jou. Ele contou às mulheres que, depois de encontrar Donna morta em sua casa, pôs o corpo em uma lata de lixo e atirou-o ao mar. Enquanto estavam no apartamento, elas também viram de relance uma mulher que parecia estar meio grogue, vestida só com roupas de baixo, tremendo de forma incontrolável. Atormentadas com a história que "Johnny" lhes contara, as duas pesquisaram o nome dele no Google ao chegarem em casa e decidiram procurar as autoridades quando souberam que ele era um ex-presidiário. John foi preso por posse ilegal de munição e por violar a condicional, que o proibia de usar redes sociais e sites da internet para abordar mulheres. Ele não contestou as acusações e pouco depois foi condenado a quatro anos de prisão.

Em entrevista a um repórter da emissora de televisão KTLA, de Los Angeles, Nili Jou disse que se sentiu aliviada ao saber da prisão de John. Ela e o marido temiam que ele voltasse a matar depois de solto e davam graças a Deus por ele estar novamente atrás das grades.

John ficou detido por apenas dois anos na prisão estadual de Chuckawalla Valley, no condado de Riverside. Foi libertado em 24 de julho de 2014, com a condição de que se registrasse como criminoso sexual e usasse, acoplado ao corpo, um dispositivo de rastreamento por GPS. Os pais de Donna Jou voltaram a procurar a mídia, desta vez na esperança de alertar todos da vizinhança sobre seu passado. Nili planejava imprimir folhetos e distribuí-los aos moradores do local. "Ele já se safou de um assassinato", ela disse a repórteres. "Temo que ele vá fazer isso novo."

CHRISTIAN GROTHEER

Add as friend

VICIADO EM
SALAS DE
BATE-PAPO
ON-LINE
–
–

RJ Parker // JJ Slate
SOCIAL KILLERS .COM

Ao longo das últimas décadas, a internet tem se popularizado cada vez mais. Apesar dos inúmeros benefícios gerados para a humanidade, é inegável que a internet também trouxe muitas desvantagens, algumas delas na forma de riscos mortais. Tais perigos não se limitam a um país apenas; eles afetam o mundo inteiro. *Stalkers*, estupradores e assassinos vivem encontrando novas formas de cometer crimes usando a internet, somando mais e mais vítimas. Um dos países afetados por essa apavorante onda de crimes é a Alemanha, que registrou em 2008 seu primeiro assassino da internet.

Christian Grotheer era um trabalhador da construção civil. Seu pai era muito violento e isso fez de sua infância um desastre. Ainda menino, teve de ser levado de casa sob a custódia do Conselho Tutelar por causa do pai. Dessa época, Christian guardaria um episódio traumático na memória: aos 6 anos, viu o pai estuprar sua mãe, que gritava e pedia socorro. Com mais idade, Christian começou a consumir drogas, até encontrar outra coisa igualmente viciante: salas de bate-papo on-line. Segundo Christian, bater papo pela internet ajudou-o a superar o vício em drogas. Ele passava a maior parte das noites conversando com estranhos pela rede e afirma ter conhecido cerca de cem mulheres pessoalmente depois de algumas conversas. Com algumas chegou a ter relações sexuais. Foi através dessas salas de bate-papo que conheceu suas duas vítimas.

Ao conversar com mulheres pela rede, Christian costumava usar os apelidos "Rosenboy0207" e "Riddick300". No dia 5 de junho de 2008, encontrou-se com Jessica K. (identificada na internet como "babylove"). Jessica tinha na época 26 anos, a mesma idade de Christian. As autoridades descobriram o corpo da mulher quatorze dias depois do encontro. Detido, Christian afirmou que ele e Jessica haviam tido uma discussão que acabou virando uma briga acalorada. Alegou que tinha apenas "tocado na garganta dela" e ela caíra morta no chão. Vestígios do sangue de Jessica foram encontrados nos sapatos de Christian, mas ele garantiu que o sangue provinha de um sangramento que ela tivera no nariz enquanto os dois ainda caminhavam juntos. A promotoria sustentou que Christian apunhalara a mulher pelas costas, mas o cadáver de Jessica já estava em processo de decomposição quando encontrado, motivo pelo qual não foi possível determinar a causa de sua morte.

Apenas doze dias depois do assassinato de Jessica, em 17 de junho de 2008, Christian conheceu em uma sala de bate-papo sua segunda vítima: Regina B., mãe de três filhos. Segundo Christian, eles se encontraram no apartamento dela e, após fazerem sexo, Regina preparou uma refeição para os dois. Em seguida, levaram o cachorro dela para passear. Regina teria então exigido que ele lhe pagasse certa quantia de dinheiro e iniciasse um relacionamento sério com ela – caso contrário ela o denunciaria à polícia, alegando que ele a havia estuprado. Christian disse à polícia que, quando Regina chamou-o de estuprador, teve um flashback do dia em que viu o pai estuprar a mãe enquanto esta gritava pedindo socorro. Possesso, ele se lembrou de ter visto "os olhos de Jesus" antes de atacar Regina com uma faca de cozinha e apunhalá-la 26 vezes: doze nas costas e quatorze no peito. O corpo foi encontrado no dia seguinte por um transeunte. Em seu depoimento à polícia, Christian afirmou que, se Regina não o tivesse chamado de estuprador, provavelmente ainda estaria viva. Alegou que cometeu o crime movido por medo e raiva, e que estava fora de si no momento do assassinato. Christian nunca levou a culpa pelos seus atos; em vez disso, culpou a vítima e a própria infância traumática.

A defesa de Christian tentou retratá-lo como um homem que perdera o controle nessas ocasiões. Alegou-se que o primeiro assassinato fora apenas um trágico acidente e o segundo tão só uma consequência do terrível passado de Christian. Seus advogados também fizeram questão de frisar que, de todas as mulheres que Christian conhecera pessoalmente (e foram muitas), ele matara "somente" aquelas duas e que todas as outras estavam perfeitamente bem. Christian não queria ser classificado como serial killer por matar essas duas mulheres que conhecera em sites de namoro. O tribunal rejeitou o recurso em que ele alegava insanidade e o considerou apto para julgamento. Em 1º de abril de 2009, Christian Grotheer foi condenado à prisão perpétua.

THOMAS MONTGO-MERY

Add as friend

UM ESTRANHO
TRIÂNGULO
AMOROSO

RJ Parker // JJ Slate
SOCIAL KILLERS .COM

A esta altura, já deve ter ficado claro o quão perigoso um bate-papo com estranhos na internet pode ser perigoso. Mas a história de Thomas Montgomery apresenta uma notável reviravolta, seguida de um trágico desfecho.

Em 2005, Thomas Montgomery, de 46 anos, casado, pai de dois filhos e morador da cidade de Buffalo, em Nova York, desenvolveu uma obsessão por salas de bate-papo. Ele gostava particularmente de uma sala de bate-papo exclusiva para adolescentes hospedada pelo site de jogos on-line Pogo.com. Usando o apelido "Marine Sniper", Tom fingiu ser Tommy, uma versão mais nova de si mesmo com apenas 18 anos. Dizia ter 1,83 m de altura, 81 kg, cabelos ruivos e porte musculoso. Afirmava ser um fuzileiro naval prestes a servir no Iraque, faixa preta em karatê. Foi nessa sala de bate-papo que conheceu "Talhotblond", uma graduanda do ensino médio chamada Jessi, que tinha 17 anos e residia em West Virginia.

Social Killers

Os dois deram-se bem logo de cara e não demorou muito até que a nova relação extrapolasse o bate-papo. Tornaram-se amigos no MySpace e passaram a usar o Yahoo! para trocar mensagens instantâneas. Chegaram até a se falar por telefone e por mensagens de texto. Tom compartilhou uma foto vestindo um uniforme militar, tirada anos antes durante o período em que serviu na Marinha. Jessi também compartilhou fotos dela, algumas bem provocantes. Em pouco tempo, as conversas entre os dois ficaram sérias. Disseram um ao outro que estavam apaixonados e que nunca tinham se sentido assim antes.

Tom sabia que estava metendo os pés pelas mãos. Mais tarde, acabaria admitindo que falar com Jessi todo dia era quase um vício; não conseguia largar dela, por mais que tentasse. Alegaria também que tinha plena consciência de que era ridícula sua obsessão por uma garota com a qual ele nunca poderia ficar, mas manteve o relacionamento mesmo assim. No Natal de 2005, Tom pediu Jessi em casamento e ela aceitou.

Por fim, em março de 2006, a verdade veio à tona. Jessi enviou uma mensagem a Tom quando uma de suas filhas calhou de estar usando o computador do pai. Alarmada, a garota mostrou-a à mãe, Cindy. Não tardou até que Cindy interceptasse um dos pacotes que Jessi enviava ao marido e descobrisse a verdade. Ao vasculhar a casa, encontrou um arquivo secreto de cartas, fotos e presentes de Jessi, incluindo uma pequena coleção de calcinhas dela. Furiosa, Cindy enviou uma carta ao remetente do pacote com uma foto da família, para que Jessi soubesse que o "Tommy" a quem ela enviava cartas de amor não era um garoto de 18 anos, mas um quarentão casado com duas filhas quase da idade dela – uma de doze e outra de quatorze. O circo estava armado. Quando Cindy sugeriu que os dois se separassem, Tom mudou-se para o porão da casa da família em Buffalo.

No início, Jessi recusou-se a aceitar aquilo e decidiu sondar a lista de amigos de Tom no Pogo.com para confirmar a verdade.

Ela contatou um indivíduo que atendia pelo apelido "Beefcake", um colega de trabalho de Tom chamado Brian Barrett. Ele era um jovem de 22 anos, de porte atlético, que frequentava a Faculdade Estadual de Buffalo enquanto trabalhava meio expediente numa fábrica de ferramentas elétricas em Dynabrade, na esperança de um dia se tornar professor de artes industriais. Brian confirmou a história que Jessi lhe contou: Tom era realmente um homem mais velho e casado. Jessi mandou uma mensagem para Tom dizendo que estava tudo terminado entre eles e repreendendo-o por enganá-la. Estava furiosa. Tom ficou arrasado.

Era de se pensar que Jessi aprenderia sua lição depois de se apaixonar tão perdidamente por alguém que nunca vira pessoalmente. Entretanto, com o passar do tempo, Jessi e Brian foram se falando cada vez mais e acabaram desenvolvendo um relacionamento virtual, que usavam para se exibir na frente de Tom nas mesmas salas de bate-papo onde ele conhecera Jessi. Quando Tom demonstrou ciúmes e ódio do novo casal, os dois começaram a expô-lo em todas as salas que entravam, fazendo com que todos soubessem que, além de ter mais que o dobro da idade que declarava ter, também era um homem casado. Chamavam-no de pedófilo e o envergonhavam diante dos outros nas salas de bate-papo.

Mas, conforme o tempo passava, Jessi dava mostras de que também estava tentando fazer Tom de bobo. Os dois nunca pararam definitivamente de se falar e até se viam flertando um com o outro de vez em quando. Era como se Jessi não conseguisse se desfazer da imagem de Tommy que formara na cabeça. E, mesmo com toda a desavença surgida depois que a verdade veio à tona, ele ainda não conseguia deixar de falar com ela.

A tensão entre os dois homens só fazia aumentar mês após mês, deixando um clima pesado no local onde trabalhavam. Alguns dos colegas estavam a par do estranho triângulo amoroso e do desprezo que um sentia pelo outro. Tom dirigia ameaças verbais a Brian.

Começou a fazer musculação e seu comportamento tornou-se sombrio e irascível. Os colegas de trabalho começaram a se afastar, com temor do que ele pudesse fazer.

Então, numa noite de sexta-feira, em setembro, Brian recolheu suas coisas para sair do trabalho por volta das 22h. Foi até o estacionamento e entrou na sua caminhonete. Antes mesmo que pudesse pôr a chave na ignição, tiros foram disparados contra o carro. Brian foi baleado três vezes à queima-roupa no braço e no pescoço e morreu quase na mesma hora, um evento que as autoridades descreveriam como o "ataque de um franco-atirador". O corpo de Brian só foi encontrado dois dias depois, na manhã de segunda-feira, ainda dentro do veículo.

A polícia recolheu depoimentos de possíveis testemunhas na vizinhança. Descobriram que, naquela noite de sexta-feira, alguns moradores tinham visto um homem andando pelas redondezas, vestido com uma roupa camuflada e uma máscara de esqui. Também encontraram um caroço de pêssego descartado no chão perto da caminhonete de Brian, que puseram num saco para coleta de provas. Ao tomar conhecimento do triângulo amoroso virtual, e receando que Tom pudesse ter partido em direção à casa de Jessi em West Virginia, a polícia enviou uma equipe de agentes até a residência dela para se certificarem de que a garota estava bem. Quem os recebeu foi Mary Shieler, de 45 anos. A princípio, Mary disse aos policiais que sua filha Jessi não estava em casa, mas, quando soube o motivo da visita, ficou visivelmente transtornada. Por fim, resolveu abrir o jogo para a polícia e confessou que era ela quem vinha se comunicando com Tom e Brian ao longo do último ano, usando o apelido "Tallhotblond". Ela enviara aos dois homens fotos picantes de sua própria filha de 17 anos, que realmente se chamava Jessi.

No dia 18 de setembro, apenas três dias depois do assassinato de Brian, a polícia levou Tom à delegacia para ser interrogado. Sua casa e seu carro foram revistados. Seu computador e seu celular também sofreram uma devassa. No computador, os investigadores descobriram históricos de um ano e meio de conversas entre Tom e "Jessi", bem como registros de numerosas ameaças que Tom fizera a Brian por meio da rede. Também encontraram o manual de um fuzil de uso militar calibre 38, semelhante ao que matara Brian. Tom disse aos policiais que sempre quis uma arma daquele tipo, mas que não tinha comprado uma ainda. Contudo, encontraram a foto de um armário que Tom usava para guardar armas, onde claramente se via um rifle de uso militar .38. No fim, os investigadores conseguiram provar sua ligação com o assassinato depois de analisar o DNA do caroço de pêssego descartado no local crime e a fotografia do armário contendo o mesmo tipo de rifle utilizado pelo assassino.

Thomas Montgomery foi oficialmente detido em 27 de novembro de 2006 e alegou inocência da acusação de homicídio doloso simples. Em agosto de 2007, ele fez um acordo com os promotores e, enfim, se declarou culpado de homicídio culposo, o que lhe valeu uma pena mínima de vinte anos na prisão. A esposa divorciou-se dele.

A polícia também queria indiciar Mary por algum crime, mas não conseguiram culpabilizá-la pelo ocorrido. Tecnicamente, ela não fez nada ilegal. O marido de Mary também se divorciou dela e sua filha Jessi mudou-se para longe de casa, incapaz de perdoar a mãe. Ron Kenyon, xerife do condado de Erie, prestou declarações sobre o caso no intuito de alertar o público sobre os perigos de se relacionar com alguém pela internet. "Quando está on-line, você nunca sabe quem é a pessoa do outro lado", ele disse. "Você não faz a menor ideia."

DAVID RUSSELL

Add as friend

UM
PESADELO
NA
FLORESTA

RJ Parker // JJ Slate

SOCIAL KILLERS .COM

Como uma das redes sociais mais utilizadas do mundo, o Facebook tem conectado um monte de gente. Velhos amigos puderam se reencontrar e familiares separados pela distância conseguiram retomar contato pela rede. O Facebook também oferece a possibilidade de que pessoas estranhas se tornem amigas. No entanto, o processo de conhecer alguém pela internet pode ser muito perigoso – e até mortal.

David Russell era britânico e trabalhava em um McDonald's. Por dezenove anos, David levara uma vida impecável. Era um bom sujeito e um trabalhador dedicado. No entanto, tudo isso mudou quando ele completou 20 anos.

Em 2010, David conheceu pelo Facebook uma moça de 19 anos chamada Maricar Benedicto. Os dois conversaram por algum tempo. David fazia-se passar por Oliver Sykes, o vocalista tatuado da famosa banda de metalcore britânica Bring Me The Horizon, e Maricar usava o pseudônimo Ruby Townsend. Eles também se falavam pelo Skype. Maricar acreditava que David era de fato Oliver Sykes e decidiu viajar dos EUA até o Reino Unido apenas para conhecê-lo. Ela não tinha como saber que se encontraria com um assassino em potencial.

Maricar chegou ao Reino Unido em abril de 2011. Na noite que antecedeu sua chegada, David navegou pela internet pesquisando formas de matar alguém com as próprias mãos, como cortar pele com uma faca e qual a melhor faca que poderia usar para matar. David encontrou-se com Maricar na estação ferroviária e então a levou até uma floresta não muito longe dali.

David disse que o lugar ao qual ele a estava levando evocava algumas das memórias mais especiais de sua infância. Depois que chegaram a uma área isolada, David pediu a Maricar que se sentasse em um tronco. Em seguida, vendou os olhos da garota, argumentando que tinha uma surpresa para ela. Maricar tinha plena confiança nele; deixou que a vendasse e até consentiu em erguer os braços com as palmas da mão para cima e inclinar a cabeça para trás.

Embora não pudesse ver nada, Maricar sentiu de repente algo afiado roçar seu pescoço. Ela sentia o pescoço sendo rasgado. Enquanto cortava a garganta de Maricar, David gritava: "Por que não morre logo? Você arruinou minha vida. É tudo culpa sua". Maricar levantou-se de um salto e, ao fazê-lo, a venda que lhe cobria os olhos caiu. Ela tentou correr para se salvar, mas David foi atrás dela. Desferiu três facadas em suas costas, depois usou um grande pedaço de pau para golpeá-la repetidamente no rosto e na cabeça. Ele não parou até Maricar informá-lo que tinha dado seu nome e endereço para os agentes da imigração ao desembarcar no Reino Unido. Ao ouvir isso, David voltou correndo para casa e suspeita-se que tenha tomado uma overdose de medicamentos. Ele deixou Maricar no meio da mata, lutando pela própria vida. Com muita dificuldade, a garota conseguiu se arrastar até uma casa próxima dali, onde finalmente obteve ajuda.

Foi um milagre que Maricar tenha sobrevivido ao ataque. David foi preso e indiciado por sequestro e tentativa de homicídio. A defesa alegou que David apresentava um grau leve de autismo. Argumentaram que aquele havia sido seu primeiro delito e que ele era apenas um "jovem problemático". No entanto, em 5 de outubro de 2011, a Corte Real de Northampton condenou David Russell à prisão perpétua. Para ele, a liberdade condicional só será uma opção daqui a pelo menos dezessete anos e meio.

Ao comentar a tragédia, o verdadeiro Oliver Sykes disse que ficou muito abalado com a notícia. Embora outras pessoas já tivessem se utilizado do seu nome antes para fazer piada ou pregar uma peça em alguém – situações que o deixavam desconfortável –, aquele incidente era particularmente aterrorizante. Oliver desejou melhoras a Maricar e orientou as pessoas a procurarem a Fundação Carly Ryan, que promove campanhas de conscientização para alertar dos perigos de usar sites de redes sociais para falar com estranhos. Em 2006, Carly Ryan, uma garota de 15 anos, foi assassinada por um homem de 25 anos que fingia ser um músico de Melbourne, na Austrália. O assassino foi capturado e condenado à prisão perpétua sem possibilidade de obter liberdade condicional por 29 anos. Mas o que Oliver realmente desejava era que as pessoas fossem mais cuidadosas ao se comunicar com estranhos pela internet.

ROBERT FREDERICK GLASS

7

Add as friend

FANTASIA:
SER TORTURADA
ATÉ A MORTE

RJ Parker // JJ Slate
SOCIAL KILLERS.COM

Na internet, com apenas alguns cliques é possível ter acesso a uma quantidade ilimitada de informações. Infelizmente, as mídias sociais também dão asas a um sem-número de fantasias doentias. É nesse contexto que se tornou lugar-comum na internet o que os psicólogos chamam de "efeito carnaval" – o mal que assola aqueles que assumem múltiplas personalidades e acreditam poder falar e agir livremente sem encarar as consequências. As pessoas acham que podem usar a rede para expressar suas fantasias de maneira anônima e livre. Sharon Rina Lopatka tinha uma fantasia: ser torturada até a morte. Ao tornar sua fantasia pública na rede, seu desejo tornou-se realidade.

Robert "Bobby" Frederick Glass, ou Bobby, tinha 45 anos, era analista de sistemas e trabalhava para o governo do condado norte-americano de Catawba, na Carolina do Norte. Era um trabalhador dedicado. Como parte de suas atribuições, ele programava o cadastro de contribuintes e monitorava o montante de gasolina consumida pelos veículos do condado. Robert foi funcionário do governo por quase dezesseis anos.

Era casado e tinha três filhos: uma filha de 10 anos, outra de 7 e um filho de 6. De acordo com sua esposa, Sherri, Robert tinha um grande interesse por computadores, tão grande que parecia estar cada vez mais interessado por eles e menos no próprio casamento. Sherri notou que Robert passava muito tempo na frente do computador. Logo descobriria que Robert vinha trocando e-mails com outras pessoas usando os apelidos "Toyman" e "Slowhand". As mensagens eram violentas e perturbadoras. Porém, em geral, Sherri o julgava honesto e trabalhador. Seu outro lado ele mantinha bem escondido. Em maio de 1996, no entanto, o casal se separou e a mulher ficou com a custódia dos filhos.

Sharon Rina Lopatka nasceu em 20 de setembro de 1961. Seus pais eram judeus ortodoxos e criaram Sharon e suas três irmãs menores nos subúrbios de Baltimore, Maryland. Para seus colegas de classe, Sharon era uma garota normal que gostava de esportes e participava do coral da escola. Em 1991, casou-se com um homem católico chamado Victor e mudou-se para a casa dele em Hampstead. O casamento foi a maneira que ela encontrou de se rebelar contra os pais, uma vez que não aprovavam o relacionamento.

Logo Sharon começou a trabalhar em casa. Ela ganhava dinheiro na internet reescrevendo anúncios, fazendo leituras mediúnicas e vendendo vídeos pornográficos. Tinha fantasias sexuais perigosas e buscava alguém disposto a satisfazê-las. Costumava frequentar salas de bate-papo de conteúdo sexual pesado para conversar anonimamente com gente interessada em coisas como necrofilia, *bondage* e sadomasoquismo.

A ideia de morte decorrente de tortura fascinava Sharon. Ao longo de vários meses, postou mensagens expressando seu desejo de ser torturada até a morte. Recebeu muitas respostas, mas ninguém que lhe escrevia de volta levava a ideia a sério ou pretendia de fato colocá-la em prática. Quer dizer, isso até ela encontrar Robert.

Os dois se conheceram em uma das salas de bate-papo que ambos frequentavam. Em teoria, eram perfeitos um para o outro. Robert gostava de infligir dor e Sharon queria ser torturada. Sharon enviou-lhe um e-mail expressando seu desejo de ser amarrada e depois estrangulada quando estivesse próxima ao orgasmo. Quando pediu a ele que realizasse sua fantasia, Robert assentiu. Ao longo dos meses que se seguiram, Sharon e Robert continuaram a trocar e-mails, até que enfim decidiram se encontrar pessoalmente.

No dia 13 de outubro de 1996, Sharon disse ao marido que ia visitar uma amiga no estado da Geórgia. Em vez disso, pegou um trem matutino para a Carolina do Norte a fim de se encontrar com Robert. Ele a aguardava na estação e os dois seguiram de carro para o trailer de Robert, a quase 130 km do local. Mais tarde, o marido de Sharon encontrou um bilhete em que ela explicava que não voltaria mais e pedindo-lhe que não procurasse a pessoa que a mataria.

Victor notificou imediatamente as autoridades sobre o sumiço da esposa. A polícia deu início a uma investigação e conseguiu enfim ligá-la a Robert depois de recuperar os e-mails trocados entre os dois. Vigiaram o trailer de Robert por alguns dias, na esperança de que Sharon ainda estivesse viva e de que pudessem vê-la pelo menos de relance. Mas não havia nenhum sinal dela. Em 25 de outubro, depois de obter um mandado de busca, a polícia invadiu o trailer enquanto Robert estava no trabalho. Tanto a parte externa como a parte interna do trailer estavam repletas de sujeira e lixo. Uma vez dentro do veículo, os policiais conseguiram encontrar alguns pertences de Sharon, bem como outros itens suspeitos, incluindo drogas, acessórios de *bondage*, uma pistola, pornografia infantil e discos rígidos de computador. Nada, porém, que pudesse levá-los a Sharon.

Enquanto vasculhava a propriedade, um dos policiais chegou a uma área do terreno, a cerca de vinte metros do trailer, onde o solo parecia ter sido recentemente escavado. Ele começou a cavar e encontrou os restos mortais de Sharon enterrados a pouco mais de meio metro de profundidade. Robert foi detido no mesmo dia em seu local de trabalho. Submetido a interrogatório e confrontado com as provas encontradas, Robert disse à polícia que ele e Sharon estavam simplesmente satisfazendo suas fantasias sexuais. Ela agira por vontade própria. Ele nunca a obrigou a nada. Durante o coito, e a pedido de Sharon, Robert a estrangulou. Ele garantiu, contudo, que sua morte fora acidental.

O legista designado para o caso concluiu que Sharon tinha morrido por asfixia mediante estrangulamento. Havia alguns indícios de tortura sexual, mas os resultados, em última análise, foram inconclusivos. A morte de Sharon foi considerada deliberada, uma vez que ela só se encontrou com Robert porque ele concordou em matá-la. E como Robert enviara vários e-mails a Sharon descrevendo em detalhes como pretendia fazê-lo, a promotoria pôde acusá-lo de premeditação no assassinato.

Robert foi indiciado por homicídio qualificado e ficou detido na prisão do condado. Posteriormente, teve a acusação atenuada para homicídio culposo. Em 27 de janeiro de 1997, Robert reconheceu-se culpado dessa acusação e de outras seis por exploração sexual de menor em função do material pornográfico infantil encontrado em seu trailer. Ele recebeu uma sentença de 36 a 53 meses pela primeira acusação e de 21 a 26 meses pela segunda. Cumpriu sua pena na Instituição Correcional de Avery-Mitchell, na Carolina do Norte. Em 20 de fevereiro de 2002, a apenas duas semanas de ser posto em liberdade, Robert Frederick Glass morreu de um ataque cardíaco.

Este foi o primeiro caso em que a polícia americana fechara o cerco contra um suspeito valendo-se apenas de indícios colhidos a partir de e-mails.

JOHN EDWARD ROBINSON

Add as friend

"O PRIMEIRO
SERIAL KILLER
DA INTERNET"

RJ Parker // JJ Slate

SOCIAL KILLERS .COM

Graças aos avanços tecnológicos e ao uso generalizado da internet, ficou muito mais fácil comunicar-se com amigos e familiares por todo o mundo. No entanto, também ficou mais fácil conhecer estranhos, próximos ou distantes, e compartilhar interesses ou até desejos obscuros. Com a opção de se manterem anônimos na rede, assassinos têm conseguido encontrar suas vítimas. "O primeiro serial killer da internet", como ele é chamado às vezes, foi John Edward Robinson.

Nascido em 27 de dezembro de 1943, John e não se tornou um assassino da noite para o dia. É possível que seu comportamento tenha sofrido influência, ainda durante a infância, de mãe disciplinadora e do pai alcoólatra. Aos 13 anos, juntou-se aos Eagle Scouts – mais alta classe do programa de escotismo do Boy Scouts of America – e em seguida matriculou-se numa escola particular para meninos que desejavam seguir a carreira clerical. Abandonou os estudos depois de apenas um ano. Peculato, sequestro e falsificação foram seus primeiros crimes. Em 1969, foi preso no Kansas por apropriação indébita, mas foi condenado apenas a três anos de liberdade condicional, que violou ao se mudar para Chicago. Em 1977, por meio de mentiras e falsificações, conseguiu se eleger membro do conselho diretor de uma organização beneficente; forjou cartas que tinham como remetentes ou destinatários grandes figurões dos quais buscava granjear elogios; nomeou a si mesmo Funcionário do Ano da entidade, chegando a organizar um almoço em sua própria homenagem. À primeira vista, John era um tipo simpático, um marido afetuoso e um bom cidadão. Na verdade, porém, ele era o extremo oposto. John também era adepto de uma variedade de práticas sexuais comumente identificadas pelo acrônimo BDSM (*bondage, disciplina, dominação, submissão, sadismo e masoquismo*).

Sabe-se que John matou pelo menos oito mulheres, quatro das quais conheceu na internet. O número real de vítimas é desconhecido, mas, pelas informações disponíveis, é possível inferir que pelo menos metade delas foi abordada na web. Nunca foram revelados detalhes sobre o que ele fez com as vítimas, mas o mais provável é que as tenha matado com um ou dois golpes na cabeça usando um objeto rombudo, possivelmente um martelo.

Em 1984, John contratou Paula Godfrey, 19 anos, como agente de vendas para uma de suas "empresas". Depois de dizer à família e aos amigos que estava viajando para participar de um treinamento, Paula desapareceu. Os pais alertaram a polícia. John foi interrogado, mas negou que tivesse qualquer informação sobre o paradeiro de Paula. Dias mais tarde, os pais de Paula receberam uma carta com a assinatura dela na qual a garota garantia estar bem, mas afirmava que não queria mais vê-los.

A história, no entanto, teve uma estranha reviravolta. O irmão e a cunhada de John vinham tentado adotar uma criança havia anos. Um ano antes do sumiço de Paula, em 1983, John convenceu o irmão de que iria ajudá-lo, pois conhecia um advogado especializado em adoções diretas. Durante dois anos, John procurou mães solteiras que tivessem uma criança pequena, até que, em 1985, na cidade de Kansas, ele conheceu Lisa Stasi, uma garota de 19 anos, e sua filha Tiffany, de 4 meses. Identificando-se como John Osborne, ele garantiu à moça que a ajudaria a arranjar um emprego e um apartamento em Chicago e que também cuidaria para que seu bebê fosse encaminhado a uma creche. John também pediu a Lisa que assinasse alguns papéis em branco. Ao mesmo tempo, informou ao irmão, de quem cobrou 5.500 dólares (2.500 de entrada e 3 mil depois) para cobrir "honorários advocatícios", que havia encontrado uma criança para adoção cuja mãe cometera suicídio e então pôs a pequena Tiffany aos seus cuidados. Lisa desapareceu sem deixar vestígios.

Em junho de 1987, John matou Catherine Clampitt, 27 anos, depois de tê-la "contratado", prometendo-lhe um emprego que demandaria viagens frequentes. Seus restos mortais nunca foram encontrados.

Em 1993, enquanto cumpria pena por fraude em uma prisão do Missouri, John conheceu uma bibliotecária de 49 anos chamada Beverly Bonner. Após ser solto, ele a convenceu a abandonar o marido e ir trabalhar para ele em Kansas City. Ele também providenciou para que os cheques de sua pensão alimentícia fossem encaminhados para uma caixa postal nessa mesma cidade e então a matou.

Entre 1993 e 1994, John passou a usar a internet para aliciar suas vítimas. Usando o apelido "Slavemaster", começou a procurar uma parceira sexual submissa. Aos poucos, foi se tornando conhecido nas salas de bate-papo com foco em BDSM. A primeira vítima que conheceu na internet foi Sheila Faith, de 47 anos. Sua filha, Debbie, de 15 anos, era cadeirante e tinha paralisia cerebral. John prometeu que daria um emprego a Sheila e colocaria Debbie na terapia. Em 1994, depois de se mudarem para Kansas City, no estado do Missouri, Sheila e sua filha desapareceram. John interceptaria e embolsaria o auxílio-invalidez de Debbie pelos sete anos seguintes.

Em 1999, conheceu a imigrante polonesa Izabela Lewicka, 21 anos, também pela internet. Embora ainda fosse casado, John pagou por uma certidão legal de casamento para se unir a Izabela, mas nunca apanhou o documento. Também convenceu Izabela a assinar um "contrato de escravidão", com 115 itens – um documento que concedia a John controle total sobre sua vida, inclusive suas contas bancárias. No verão do mesmo ano, Izabela desapareceu.

A última vítima de John foi uma enfermeira de 28 anos chamada Suzette Trouten. Em 2000, John convenceu-a a se mudar para o Kansas, para que os dois pudessem viajar juntos. Pouco tempo depois, Suzette desapareceu completamente.

Mas logo a carreira desse assassino impiedoso e ganancioso chegaria ao fim. John ficou desleixado e já não tomava tanto cuidado ao encobrir seus rastros. Escreveu para a mãe de Suzette no lugar da vítima, contando que os dois estavam se divertindo e viajando para muitos lugares, mas todos os envelopes estampavam o carimbo postal de Kansas City e todas as cartas tinham sido escritas com perfeição, algo que não era do feitio de Suzette. Além disso, o nome de John aparecia ligado a diversos casos de pessoas desaparecidas nos estados do Kansas e Missouri. Por fim, em junho de 2000, depois de ser acusado por uma mulher de roubo e por outra de assalto, a polícia conseguiu prendê-lo e obter um mandado de busca na sua fazenda no Kansas. Na propriedade, encontraram os restos mortais de Suzette Trouten e Izabela Lewicka em grandes barris cheios de produtos químicos. No Missouri, onde John alugara dois depósitos pessoais, também foram encontrados outros barris com os restos mortais de Beverly Bonner, Debbie Faith e Sheila Faith. No estado do Kansas, ele recebeu uma sentença de pena de morte e outra de prisão perpétua pelo assassinato de Lisa Stasi. No estado do Missouri, depois de um acordo com a promotoria, John declarou-se culpado e foi condenado à prisão perpétua sem possibilidade de liberdade condicional. Atualmente, John Edward Robinson está no corredor da morte em uma prisão do Kansas, onde aguarda sua execução. Ele será a primeira pessoa a ser executada por injeção letal no referido estado.

ANN MARIE LINSCOTT

Add as friend

"UÉ, QUERO
QUE ELA
MORRA,
É LÓGICO"

RJ Parker // JJ Slate

SOCIAL KILLERS .COM

O site Craigslist é uma comunidade virtual de classificados gratuitos acessada por usuários de mais de setenta países. A cada ano, são publicados milhões de anúncios de pessoas que desejam vender coisas ou contratar algum tipo de serviço. De vez em quando, porém, é possível se deparar com um ou outro anúncio bizarro. E um dos mais estranhos talvez tenha sido um que procurava um assassino de aluguel.

No currículo virtual de Ann Marie Linscott, consta que ela trabalhou nos anos 1970 como subgerente do banco United Virginia. De 1979 a 1982, serviu na Guarda Costeira dos EUA em Alexandria, no estado da Virginia. No documento, consta ainda que ela concluiu um curso superior de curta duração na Universidade Estadual de Ferris, em 1986.

Não se sabe praticamente nada sobre a vida de Ann Marie nos anos que se seguiram. Em 1996, entretanto, seu nome aparece nos registros do Circuito Judicial do Condado de Kent. Naquele ano, Ann Marie ajuizou uma ação contra a empresa Keebler, seu sindicato e alguns de seus funcionários. Uma ordem de restrição foi emitida contra um dos trabalhadores, que por sua vez também obtivera uma ordem de restrição contra ela por assédio sexual. O processo chegou a ser levado ao tribunal federal, mas foi indeferido depois de algumas audiências, oito meses depois.

De acordo com seu currículo, em 2001, Ann Marie começou a trabalhar como massoterapeuta. Ela atuava em uma clínica para doentes terminais em Grand Rapids, Michigan, e atendia clientes no Clube Atlético de Riverview. No entanto, não foi encontrado no clube nenhum registro que comprovasse seu vínculo empregatício. Laurie Jordan, gerente do Riverview, afirmou que Ann Marie não era funcionária de lá, mas tinha permissão para atuar como massoterapeuta nas dependências do clube em troca de uma porcentagem de sua remuneração. Como poucas pessoas utilizavam seus serviços, Ann Marie só estava presente no local de três a quatro vezes por mês.

Era casada com John Linscott, com quem teve dois filhos. Em algum momento, Linscott mudara legalmente o nome da mulher para Ann Marie, nome que constava em sua carteira de motorista.

Por volta de 2004 ou 2005, Ann Marie fez um curso de graduação on-line. Conheceu um homem casado que fazia o mesmo curso e os dois iniciaram um relacionamento virtual, que logo se tornou bastante íntimo e intenso. Conheceram-se pessoalmente em julho de 2005, quando ele viajou para Reno, Nevada, onde assistiria a uma conferência. Passaram dois dias juntos e tiveram relações sexuais. Em maio de 2007, Ann Marie o visitou no condado de Butte, na Califórnia, localidade que ficava perto de sua casa. Depois disso, eles mantiveram contato por telefone e e-mail. Ann Marie também expressou seu desejo de se mudar para o condado.

Em abril de 2007, ao entrar em seu quarto, a esposa do tal homem encontrou um coquetel Molotov intacto, ligado a um fusível que não explodira. Por volta de novembro de 2007, Ann Marie postou um anúncio na Craigslist procurando um profissional freelancer para realizar um serviço não identificado. Ela só revelava o que de fato queria àqueles que escreviam de volta pedindo mais informações. Três pessoas o fizeram, achando que seria algum serviço relacionado à produção escrita. No entanto, quando entraram em contato com Ann Marie, ela deixou claro que o trabalho consistia em exterminar uma mulher que morava em Oroville, no condado de Butte. Ao ser questionada sobre o que queria dizer exatamente, ela respondia dizendo "Ué, quero que ela morra, é lógico". Queria arranjar alguém que matasse a esposa do amante. Para isso, fornecia mais informações sobre a mulher, como seu endereço de trabalho e residencial. Além disso, fazia uma descrição física da vítima pretendida e informava sua idade aproximada. Oferecia 5 mil dólares a quem executasse o serviço. Estava determinada a dar cabo de sua rival.

As pessoas que contataram Ann Marie em resposta ao anúncio, a quem ela chamava de "assassinos silenciosos", denunciaram-na às autoridades competentes da Califórnia. Não demorou até que o caso chegasse ao FBI e Ann Marie foi detida em sua casa em Grand Rapids, no Michigan, em janeiro de 2008. Os investigadores também localizaram o homem e sua esposa, mas a identidade dos dois não foi revelada. Nos relatórios policiais, a mulher é identificada apenas por suas iniciais, C.Z. O homem colaborou com a polícia, já que também estava sendo investigado, para que se determinasse se tinha alguma participação no plano. Ele admitiu que se envolvera anos antes com Ann Marie.

A pretendida vítima teve de deixar a família e abandonar a carreira para ser hospitalizada em função do estresse, mas ela e o marido estão buscando uma forma de salvar o casamento. Ann Marie foi acusada de conspirar para a realização de um assassinato por encomenda.

Descobriu-se que Ann Marie tinha um longo histórico de apego excessivo a outras pessoas – foi o que provavelmente ocorreu no caso do funcionário da firma Keebler. No verão de 2008, enquanto estava atrás das grades, escreveu uma carta de amor ao xerife adjunto da cadeia do condado de Newaygo, logo após ter sido transferida para a cadeia do condado de Montcalm. A carta dizia: "Queria tanto que você me mandasse um bilhetinho dizendo que pensa em mim e que tem saudades. Preciso de alguma coisa a que eu possa me agarrar! [...] Penso em você várias vezes por dia".

No caso de 1997, o colega de trabalho de Ann Marie foi obrigado a entrar com um pedido liminar de medidas protetivas depois que ela começou a persegui-lo.

Embora as acusações tenham sido inicialmente apresentadas no Distrito Leste da Califórnia, Ann Marie pôde admitir culpa pelo crime em questão no Distrito Oeste de Michigan, seu estado natal. Seu advogado alegou que ela sofria de um grau leve de transtorno de personalidade e que precisava de ajuda para tratar da doença. Em 4 de fevereiro de 2009, a magistrada Janet T. Neff, juíza da Corte Distrital, sentenciou Ann Marie Linscott a 151 meses de prisão (aproximadamente doze anos e meio). Em sua decisão, ela afirmou acreditar que Ann Marie não tinha pleno entendimento do que fizera e não demostrava nenhum remorso por suas ações.

BRIAN HORN

Add as friend

10

PIROMANÍACO,
HIPERATIVO,
INFÂNCIA
CONTURBADA

–
–

RJ Parker // JJ Slate
SOCIAL KILLERS .COM

Muitos dos casos examinados neste livro tratam de pessoas que se fazem passar por outras na internet. O caso de Brian Horn pode ser um dos mais difíceis de ler, já que sua vítima tinha apenas 12 anos.

Em 2010, com 34 anos, Brian Douglas Horn, que trabalhava como motorista de táxi, já havia sido condenado duas vezes por abuso sexual infantil e estava prestes a se tornar um matador de crianças. As condenações se deviam a duas ocasiões em que levou uma criança do sexo feminino até seu carro, onde supostamente teria molestado e estuprado pelo menos uma delas. Em 1998, Brian foi preso e indiciado por conduta indecente diante de menor e por contribuir para a corrupção de um menor.

Desde muito pequeno, Brian era uma criança incrivelmente hiperativa. De acordo com a mãe, começou a andar aos 5 meses e aos 9 já corria. Também teria o costume de ficar de pé no berço e sacudi-lo com violência – tanta que ela decidiu levá-lo ao médico. Ele prescreveu um medicamento chamado torazina, comumente utilizado para tratar distúrbios comportamentais graves. Quando a droga quase o deixou catatônico, a mãe recusou-se a prosseguir com o tratamento. Em uma fase tardia da infância, Brian foi diagnosticado com transtorno do déficit de atenção com hiperatividade (TDAH) e ela teve grande dificuldade para disciplina-lo. A mulher afirmou que eles foram quase despejados de casa porque Brian gostava de atear fogo em aviões de papel e atirá-los janela afora. Também possuía o perigoso hábito de improvisar lança-chamas a partir de um isqueiro e uma lata de spray para cabelos.

Os pais de Brian chegaram a ser presos uma vez por usar a própria casa como ponto de venda de drogas. Os dois tiveram um casamento conturbado e se separaram diversas vezes antes de enfim pedirem o divórcio. Além dos dois delitos sexuais em sua ficha criminal, Brian conseguiu acumular outras doze detenções durante a adolescência e a vida adulta.

Em março de 2010, ele enganou um menino chamado Justin Bloxom, de 12 anos, alegando ser "Amanda", de 15, e dizendo que queria encontrar-se com ele para fazer sexo. Os dois se conheceram por meio de uma rede social e começaram a trocar fotos e mensagens de conteúdo sexual explícito. Em dado momento, após Brian enviar-lhe uma foto provocante, Justin respondeu simplesmente: "Não se esqueça de que eu só tenho 12 anos".

Em 29 de março de 2010, a mãe de Justin deixou-o na casa de um amigo em Douglas Lane, na cidade de Stonewall, estado da Louisiana. O amigo o viu trocando mensagens de texto com alguém durante a noite e, pela manhã, ao acordar, não encontrou Justin.

Registros telefônicos indicam que na noite de seu desaparecimento Brian escreveu uma mensagem para ele, como Amanda, dizendo que "ela" mandaria um táxi para buscá-lo e assim os dois poderiam ficar juntos e fazer sexo. Infelizmente, a artimanha funcionou e Justin deixou a casa do amigo às escondidas rumo ao encontro amoroso com a garota fictícia. Em uma estrada próxima dali, embarcou no táxi de Brian Horn, que fingia ser o motorista enviado por "Amanda". Menos de duas horas depois, Justin estava morto e Brian descartou seu corpo em um matagal. Exames periciais apontariam que o garoto morrera por asfixia.

Por volta das 6h30 daquela manhã, a polícia abordou Brian na área onde o corpo de Justin seria posteriormente encontrado. Ele contou que tinha perdido as chaves e estava esperando uma carona. Os policiais acreditaram nele e deixaram-no. Não faziam ideia de que Brian acabara de desovar ali perto o corpo de uma criança que ele próprio matara. No entanto, quando Justin foi dado como desaparecido quatro horas mais tarde, eles voltaram à mesma área para procurá-lo.

O corpo de Justin foi encontrado pouco depois em uma vala pantanosa, situada em uma mata próxima à Rodovia 171 em Louisiana, perto de onde os policiais se recordavam de ter visto o táxi de Brian apenas algumas horas antes. Buscas posteriores ao redor da mesma área revelaram as chaves do carro de Brian e seu carregador de celular. A polícia anunciou imediatamente que estava em busca do homem duplamente condenado por abuso sexual. Mas não precisaram procurá-lo por muito tempo. Brian entregou-se logo depois.

Ele foi inicialmente indiciado por homicídio simples, mas as acusações foram agravadas quando a polícia descobriu as mensagens de texto que os dois tinham trocado naquela noite. Ele foi a julgamento em 2014 depois de ser oficialmente acusado de homicídio qualificado.

Em uma reviravolta inesperada no caso, os advogados de defesa de Brian não convocaram nenhuma testemunha, nem tentaram argumentar em favor do réu. Durante as declarações iniciais, alegaram que a morte fora um acidente. Segundo eles, o acusado era praticante de swing e sua intenção ao induzir o garoto a entrar no táxi era levá-lo para fazer sexo com sua esposa e uma namorada.

O júri levou apenas 45 minutos para condenar Brian Horn por homicídio qualificado. Em abril de 2014, o júri recomendou pena de morte ao réu. Após o julgamento, todos os doze jurados e os três suplentes entraram em contato com a mãe de Justin e lhe perguntaram se poderiam visitar o Jardim Memorial Justin Bloxom, um parque criado em homenagem a Justin depois do assassinato. Juntos, viajaram até o jardim e abraçaram a mãe da vítima, encerrando o dia de mãos dadas enquanto recitavam uma oração em memória do menino de 12 anos.

Após sua morte, familiares e amigos de Justin fundaram a Aliança Justin Bloxom pela Inocência, uma organização privada, sem fins lucrativos, destinada a chamar atenção do público sobre os perigos aos quais se expõem as crianças de hoje ao fazerem uso de redes sociais e celulares. Além disso, uma série de projetos de lei foi aprovada na Louisiana e em estados vizinhos. Chamada em conjunto de "Lei de Justin", impõe regulamentos mais rígidos para a contratação de pessoas condenadas por crimes sexuais no intuito de mantê-los longe de crianças, assim como sanções mais severas para abusadores reincidentes.

ANTHONY POWELL

Add as friend

UMA COMBINAÇÃO
DE DEPRESSÃO,
ÓDIO
E FANATISMO

–
–

11

RJ Parker // JJ Slate

SOCIAL KILLERS .COM

A internet converteu-se em um espaço onde qualquer indivíduo pode expressar livremente suas opiniões, um lugar onde as pessoas podem falar e se fazer ouvir. Algumas usam o Facebook ou o Twitter para expressar como se sentem, outras postam vídeos no YouTube que são vistos por milhões de internautas. Em alguns desses vídeos, vemos gente revelando talentos e paixões; mas há também aqueles que utilizam o site para exprimir o ódio.

Anthony Powell, 28 anos, era cristão e estudava na Faculdade Comunitária Henry Ford, no estado de Michigan. Era filho de Sam Powell, um policial aposentado de Detroit, e Doris Powell, enfermeira formada. De acordo com a mãe, Anthony sofria de depressão crônica desde criança e não gostava de tomar remédios. Seus pais tinham tentado ajudá-lo, mas não podiam fazer mais do que já tinham feito. Anthony trabalhou em diversos lugares, de supermercados a restaurantes.

Anthony era ambicioso. Queria trabalhar na indústria do cinema como ator ou diretor. Foi na faculdade que conheceu Asia McGowan, uma mulher supostamente ateísta. Os dois faziam aula de teatro juntos. Asia era uma mulher especial e extremamente talentosa. Tinha paixão por dança e artes dramáticas. Estava a caminho de se tornar uma dançarina e atriz famosa. Todos a admiravam e Anthony logo começaria a nutrir sentimentos amorosos por ela e a investir em um possível relacionamento. Especula-se que os dois chegaram a namorar em segredo, mas os amigos e a família de Asia negaram haver alguma verdade por trás desses rumores.

Pessoalmente, Anthony Powell podia até parecer um sujeito normal, mas quem o visse na internet logo perceberia estar diante de uma pessoa desequilibrada. Em sua conta no YouTube, que acessava com o nome de usuário "Tony48219", Anthony postou uma série de vídeos com declarações agressivas contra ateus e mulheres negras, tachando-as de promíscuas. Chegou a postar um vídeo intitulado "Negras não merecem respeito". Anthony também atacava os ateus, chamando-os de "estúpidos", referindo-se a eles como "anjos caídos do diabo" e dizendo que "não eram humanos", mas "animais imundos". Era evidente que nutria um ódio profundo pelos ateus e suas convicções. Esbravejava contra a teoria evolucionista e achava incompreensível que alguém pudesse acreditar nela. Costumava falar do evolucionismo às gargalhadas, como se fosse uma grande piada. Adepto do criacionismo, Anthony era obcecado pelo *youtuber* "VenomFangX", que, criacionista como ele, produzia vídeos sobre religião, cristianismo e Deus.

Asia também tinha uma conta no YouTube, na qual postava vários vídeos de si mesma, às vezes dançando. Anthony desenvolveu uma verdadeira fixação por ela e, usando o YouTube e o Facebook (ao que tudo indica, os dois eram amigos no Facebook), começou a vigiar obsessivamente tudo que a garota fazia, ao mesmo tempo que continuava a publicar seus próprios vídeos. Alguns usuários se espantaram com o teor dos vídeos que Anthony postava na rede e tentaram ajudá-lo. Em um vídeo, ele afirmava que se mataria porque não tinha mais motivos para viver, embora ainda tivesse medo de fazê-lo. Um morador da Virgínia, que se identificava na internet como "Infamoustrag", achou os vídeos tão perturbadores que, no dia 25 de março de 2009, decidiu reportar a situação de Anthony à polícia. Sete dias depois, "Infamoustrag" recebeu uma resposta do escritório do chefe de polícia James Barren. A atendente agradecia-lhe pelo contato e deixava um nome e um número de telefone para que ele pudesse retornar a ligação. "Infamoustrag" conseguiu estabelecer uma ligação entre a fala suicida de Anthony e sua frustração por conta de uma garota. Tentou alertar a polícia de Detroit sobre um possível suicídio, mas não imaginava que Anthony fosse cometer um assassinato antes de se suicidar. Outro usuário do YouTube, registrado na rede como "DC Coop" (Don Cooper, 24 anos, morador de Atlanta), recomendou enfaticamente a Anthony que buscasse ajuda depois de ver um vídeo no qual ele afirmava que queria se matar.

Na Sexta-feira Santa de 2009, celebrada em 10 de abril daquele ano, Anthony levou uma espingarda para o Centro Mackenzie de Belas Artes da Faculdade Henry Ford. Às 12h30, a polícia foi chamada após uma denúncia de agressão. Quando chegaram ao local, os agentes ouviram tiros e, suspeitando que houvesse um homem armado à solta, interditaram a faculdade para detê-lo e conter outras possíveis ameaças. Logo encontrariam os corpos de Anthony e Asia em uma das salas de aula. Ao que tudo indica, Anthony usara a espingarda para assassinar Asia e se matar em seguida.

Embora os motivos por trás desse crime pareçam religiosos, os investigadores acreditam que a tragédia foi causada por uma combinação de depressão, ódio e fanatismo. Os pais de Anthony ficaram em estado de choque. Não imaginavam que o filho pudesse fazer algo assim e, como não tinham armas em casa, também não sabiam onde ele poderia ter conseguido a arma do crime. A mãe sabia que Anthony sofria de depressão, que tinha um histórico de doença mental e que apresentava tendências suicidas. Ela tentava ajudar o filho, mas não esperava que ele fosse tirar a vida de outra pessoa. Os pais de Anthony expressaram seus pêsames aos pais da vítima e disseram que lamentavam profundamente os atos do filho. O pai de Asia, Turahn McGowan, ficou escandalizado com os vídeos de Anthony na internet. Lamentou que ninguém o tivesse ajudado antes que ele tirasse a vida da filha, sobretudo quando se leva em conta que a polícia já havia sido alertada a respeito.

A morte de Asia McGowan deve servir de alerta contra a intolerância em relação às crenças e opiniões de outras pessoas, especialmente numa época em que se compartilha de tudo com o mundo inteiro.

DAVID HEISS

12

Add as friend

BOM ALUNO,
FÃ DE FAUSTO,
METALLICA E
STAR WARS

—
—

RJ Parker // JJ Slate
SOCIAL KILLERS .COM

Há quem passe a vida inteira na internet. São pessoas que se entregam de tal forma à vida virtual que já não conseguem distinguir o que é real do que não é. Geralmente carecem de habilidades sociais e gostam de se esconder atrás do anonimato na internet. Algumas se tornam até um perigo para aqueles que não têm o cuidado de resguardar suas informações pessoais. Quando se rompe a linha entre a realidade e a fantasia, ninguém sabe o que pode acontecer.

    David Heiss foi criado pela avó e pela tia em uma casa em Dauborn, na região centro-oeste da Alemanha. Seus pais se divorciaram quando ele tinha 6 anos. Ele raramente via a mãe, que trabalhava como enfermeira e morava com a filha em Limburg, a 15 quilômetros de Dauborn. Com o pai tinha ainda menos contato. Ele havia morado na casa da família por cerca de dois anos. David era muito apegado aos avós. Ficou arrasado com a morte do avô e quando a avó adoeceu sua tristeza apenas se intensificou.

David estudava na Tilemannschule, na província de Limburg. A escola tinha excelentes instalações e uma boa reputação. Ele era um bom aluno e se destacava em alemão, ciências políticas, biologia, matemática e catolicismo. Concluiu os estudos aos 19 anos, mas, apesar das boas notas, não dispunha dos recursos necessários para ingressar em uma universidade. Em vez disso, alistou-se no Exército. Entretanto, após se ferir em serviço, David acabou desistindo da carreira militar. Notando-o um tanto angustiado depois dessa experiência, sua mãe tentou obrigá-lo a ir a um psicólogo, mas o rapaz só foi a duas consultas. Algum tempo depois, David conseguiu um emprego em uma empresa que produzia corantes têxteis. Ele tinha que viajar diariamente a Frankfurt e ganhava cerca de 600 libras esterlinas por mês.

Em sua página no Facebook, David apontava Fausto, personagem principal da clássica lenda alemã, como seu personagem favorito. Segundo a história, Fausto era um homem extremamente bem-sucedido, porém insatisfeito com a própria vida, motivo que o levou a fazer um pacto com o diabo. David se declarava solteiro e politicamente liberal. Entre suas bandas favoritas estavam Metallica, Queen e Foo Fighters; alguns de seus filmes prediletos eram *Pulp Fiction* e *Star Wars*; por fim, interessava-se principalmente por futebol, xadrez, videogames e navegar na internet.

Quando não estava no trabalho, David estava na internet, navegando pelo mundo dos jogos on-line. Passava muitas horas em fóruns conversando com pessoas que tinham os mesmos interesses em jogos, especialmente os de estratégia. No entanto, David tinha um pouco de inveja dessas pessoas, pois, ao contrário dele, muitas tinham condições de cursar uma faculdade.

Um dos sites que David mais acessava era o Warcentral.com, administrado por Matthew Pyke e sua namorada, Joanna Witton, ambos de 20 anos. Era um site voltado para fãs do jogo *Advance Wars* e contava com cerca de trezentos membros. Usando o apelido "Eagle the Lightning" ["Águia Relampejante", em tradução livre], ele passava horas conversando com outros jogadores e podia fingir que não era David, um cara que não podia custear uma faculdade.

Foi quando David se interessou pela namorada de Matthew, Joanna, ou "Jojo", como era conhecida na rede. Um dia, decidiu lhe mandar uma mensagem, expondo seus sentimentos. O texto dizia:

Eu te amo mais do que qualquer outra coisa na vida.
Sei que não devia, mas é mais forte que eu e,
para falar a verdade, é um sentimento maravilhoso.
Você é a primeira coisa em que eu penso quando
acordo e a última quando vou dormir.

Embora ainda não tivessem se conhecido pessoalmente, David começou a assediar Joanna pela rede: enviava mensagens, esquadrinhava seu perfil no Facebook e conferia tudo que ela escrevia em seu blogue pessoal. E ainda que a garota nunca tivesse encorajado suas investidas, David continuou a agir dessa forma. Em meados de 2008, David conseguiu o endereço de Matthew e Joanna em Nottingham e viajou da Alemanha à Inglaterra para visitá-los em duas ocasiões, uma em junho e outra em agosto daquele ano.

David continuou a se comportar de maneira obsessiva, apesar das reiteradas recusas de Joanna. Ela aconselhou-o a buscar a ajuda de um psicólogo e bloqueou-o no site. No dia 17 de setembro de 2008, Joanna já não tinha contato algum com David. Inconformado, ele decidiu fazer uma visita mortal a Matthew. No dia 19 de setembro, David voou mais uma vez para o Reino Unido. Esperou em frente ao apartamento do casal até que ela saísse para o trabalho. Então, bateu na porta e, assim que Matthew atendeu, David atacou-o com uma faca. Esfaqueou-o 86 vezes. Matthew permaneceu vivo por algum tempo antes que as lesões sofridas o levassem à morte. Joanna encontraria o corpo do namorado algumas horas mais tarde. Antes de deixar o local do crime, David vandalizou o apartamento para dar a impressão de que fora uma tentativa malsucedida de assalto; livrou-se da faca em algum lugar pelo caminho e, dentro de apenas dezesseis horas, pegou um avião de volta para casa, na Alemanha.

Antes de morrer, Matthew tentou escrever o nome de seu assassino com o próprio sangue – ele conseguiu garatujar "DAV". Em 24 de setembro de 2008, David foi preso em casa. Alegou que agira em legítima defesa. Segundo ele, Matthew o atacara primeiro com a faca. No entanto, em maio de 2009, David foi condenado à prisão perpétua. O juiz, que julgou "bizarra" a motivação de David, condenou-o a passar pelo menos dezoito anos na prisão antes de ter direito à liberdade condicional.

Ao saber da tragédia, a mãe de Matthew não conseguia acreditar nas circunstâncias de sua morte, especialmente porque não era do feitio do filho se envolver em brigas. Mais tarde, seu irmão Adam falou de suas qualidades e de como era difícil aceitar sua morte. Durante o julgamento, quando lhe perguntaram por que não bloqueara David antes, Joanna respondeu que tinha medo de só piorar a situação. Quando a defesa perguntou o que ela queria dizer com isso, a garota respondeu, entre lágrimas: "Olha só o que aconteceu. Desculpa, mas olha só o que aconteceu".

O caso ganhou muita repercussão pela forma como David conheceu Matthew e Joanna, sua obsessão pela moça e o plano que tramou para assassinar o namorado dela. A história também chamou atenção para o grande número de pessoas que passam tanto tempo na internet que começam a acreditar que suas vidas e relacionamentos virtuais são reais e se imbuem da falsa noção de que a era digital lhes garante total anonimato.

LISA M. MONTGO-MERY

13

Add as friend

FIXAÇÃO
POR
GRAVIDEZ
—
—

RJ Parker // JJ Slate

SOCIAL KILLERS .COM

Lisa Marie Montgomery nasceu em 27 de fevereiro de 1968 em Melvern, Kansas. Sua infância não foi nada feliz. Quando mais velha, relataria ter sofrido abusos físicos e sexuais nas mãos de seu padrasto, de quem a mãe se divorciara quando Lisa tinha 16 anos.

Lisa se casou com seu meio-irmão, Carl Borman, em 1986, quando tinha apenas 18 anos. De acordo com Carl, Lisa adorava a atenção que lhe era dada quando estava grávida. O casal teve quatro filhos em menos de quatro anos. Segundo Lisa, Carl e sua mãe a teriam forçado a se submeter a uma esterilização mediante fulguração das tubas (processo em que as tubas uterinas de uma mulher são cauterizadas por meio de uma corrente eletromagnética). Durante os anos seguintes, Lisa fingiu duas vezes estar grávida. Cansado de suas mentiras, Carl divorciou-se dela em 1993. Entretanto, casaram-se novamente em 1994 e só terminaram de vez em 1998, quando Lisa pegou as crianças e foi morar com um homem chamado Kevin Montgomery. Kevin já tinha três filhos e morava com os pais. Os dois se casaram em 2000.

Durante seu casamento, Lisa fingiu diversas vezes estar grávida e, no fim, sempre alegava ter perdido o bebê devido a um aborto espontâneo. Usava então roupas para gestantes e dizia a todos que o bebê estava para nascer. Sem saber que Lisa passara por uma esterilização, Kevin sempre acreditava que a esposa estava grávida.

Enquanto isso, Carl competia com Lisa na Justiça pela guarda dos filhos. Ele sabia que a ex-mulher ainda mentia sobre estar grávida e garantiu que a faria admitir suas mentiras diante do tribunal, o que, segundo ele, lhe daria uma vantagem na batalha pela custódia das crianças. Conforme a data da audiência se aproximava, Lisa ia maquinando um plano. Começou a assistir vídeos na internet de partos caseiros e operações cesarianas.

Em 15 de dezembro de 2006, usando o nome "Darlene Fischer", Lisa entrou em contato com uma mulher chamada Bobbie Jo Stinnett em um fórum na internet chamado "Ratter Chatter", onde criadores de Rat Terrier postavam sobre exposições caninas e filhotes à venda. Lisa era usuária ativa do fórum e na verdade já tinha conhecido Bobbie Jo em uma exposição canina em abril daquele ano, bem na época em que Bobbie começou a contar aos usuários do fórum que estava grávida e que o bebê deveria nascer em janeiro. Também foi mais ou menos por essa época que Lisa começou a espalhar a notícia de que engravidara outra vez e que o parto estava agendado para 16 de dezembro. Bobbie Jo e seu marido, Zebulon James Stinnett (ou Zeb, como todos o conheciam), tinham um negócio de criação de cães. Eram namorados de escola e aquele seria o primeiro filho deles. Bobbie Jo também tinha postado fotos no site do empreendimento, Happy Haven Farms ("Fazendas Porto Feliz"), que indicavam que estava grávida. Fingindo ser "Darlene", Lisa disse a Bobby Jo que queria comprar um de seus filhotes de Rat Terrier. A mulher deu a Darlene seu endereço e concordou em encontrá-la no dia seguinte. Lisa fez então uma pesquisa na internet para saber como chegar à casa de Bobbie Jo e há indícios de que tenha, nesse mesmo dia, dirigido por cerca de 200 km até Skidmore, no estado do Missouri, apenas a título de "ensaio". Bobbie Jo disse ao marido e à mãe que já havia uma potencial compradora para um dos filhotes da ninhada e que ela passaria lá no dia seguinte.

Então, no dia seguinte, 16 de dezembro, Lisa voltou a rodar os 200 km que separavam sua casa da de Bobbie Jo. Dentro da jaqueta, levava escondidas uma corda branca e uma faca de cozinha bem afiada. Testemunhas recordariam de um Toyota Corolla vermelho estacionado em frente à garagem da residência dos Stinnett. Sucedeu-se uma luta terrível e violenta no interior da casa naquele dia, ao fim da qual Lisa fugiu com o bebê prematuro de Bobbie Jo nos braços.

Quando a mãe de Bobbie Jo chegou em casa uma hora depois, encontrou a filha morta em meio a uma grande poça de sangue no chão da sala de jantar. De acordo com os autos, a mulher ligou histérica para o 911 e disse ao atendente que parecia que a barriga da filha tinha "explodido ou algo assim".

Paramédicos tentaram reanimar Bobbie Jo, mas estava claro que havia morrido no local. Os peritos que analisaram a cena do crime concluíram que a vítima fora estrangulada por trás e que sua barriga fora aberta com um corte lateral, usando uma faca de cozinha. Tinham arrancado o feto do corpo da mãe morta e cortado o cordão umbilical. Nas mãos de Bobbie Jo, que morrera com os punhos cerrados, os peritos encontraram fios de cabelo de um tom castanho-aloirado, o que indicava que a mulher havia lutado violentamente com o agressor.

Alarmada pelo assassinato brutal da futura mãe, que teve seu feto prematuramente arrancado do útero, a polícia agiu com toda prontidão e emitiu um alerta AMBER[1] com a descrição do carro de Lisa, que estava estacionado diante da casa. Os policiais não tinham como saber se o bebê sobrevivera ao ataque, mas o alerta AMBER ajudaria a dar rápida publicidade ao caso.

Lisa ligou para o marido logo em seguida. Disse que tinha ido fazer compras fora da cidade e que entrou de repente em trabalho de parto. Contou que deu à luz uma menininha saudável em uma clínica da mulher em Topeka, Kansas. Milagrosamente, o bebê sobrevivera ao ataque brutal com apenas um pequeno corte acima de um dos olhos. Lisa pinçou o cordão umbilical sozinha e acomodou o recém-nascido em uma cadeirinha que acomodara no carro. Kevin e seus dois filhos mais velhos encontraram-na em Topeka e os quatro viajaram de volta para casa.

No dia seguinte, Lisa e Kevin pegaram a recém-nascida, a quem chamaram Abigail, e saíram para passear. Foram tomar café da manhã com ela e mostravam-na a todos que encontravam. Testemunhas do caso relatariam ter visto com espanto o casal andando pela cidade com um bebê de apenas um dia de vida a tiracolo.

As investigações sobre o paradeiro de Lisa avançavam com rapidez. A polícia já tinha uma descrição do carro, graças aos vizinhos que recordavam ter visto o veículo estacionado em frente à casa dos Stinnett. A notícia sobre o horrendo assassinato de Bobbie Jo espalhou-se depressa no fórum Ratter Chatter. Um dos membros entrou em contato com a polícia. Lembrava-se que, na véspera do assassinato, Bobbie Jo tinha marcado um encontro com uma mulher

---

[1] O Alerta AMBER é um boletim emergencial transmitido por diversos meios com o objetivo de divulgar de maneira ampla e rápida o desaparecimento de uma criança. É adotado nos EUA, onde conta com forte amparo legal, e em vários países desde 1996. AMBER é um acrônimo em inglês de *America's Missing: Broadcasting Emergency Response* ("Desaparecidos da América: Resposta de Divulgação de Emergência"). Originalmente, porém, o termo faz referência a Amber Hagerman, uma menina de 9 anos que foi raptada perto da casa dos avós no Texas, em 1996, e encontrada morta três dias depois. [Nota do Tradutor, de agora em diante NT.]

chamada Darlene Fischer. Ao rastrear o endereço IP de "Darlene", a polícia chegou rapidamente à casa de Lisa em Melvern, onde avistaram não só o carro descrito pelas testemunhas como também a própria Lisa segurando um bebê.

Em 17 de dezembro, um dia depois do assassinato de Bobbie Jo, a polícia bateu na porta da casa de Lisa e Kevin. Disseram ao casal que estavam investigando o assassinato de Bobbie Jo Stinnett e começaram a fazer perguntas sobre o bebê de Lisa. A princípio, Lisa repetiu a história que contara ao marido – que dera à luz no dia anterior, em uma clínica da mulher em Topeka. Ela então pediu para falar a sós com os policiais e, de um lugar de onde o marido não pudesse ouvi-la, contou-lhes que na verdade tinha concebido em casa e depois atirado a placenta em um rio próximo. Nesse momento, os policiais levaram-na para prestar esclarecimentos na delegacia, onde Lisa por fim confessou ter matado Bobbie Jo e arrancado o bebê de seu ventre.

A criança foi devolvida em segurança para o pai, Zeb Stinnett, que a registrou com o nome de Victoria Jo. O mesmo pastor que oficiara a cerimônia de casamento de Zeb e Bobbie um ano antes fez um discurso fúnebre no velório de Bobbie Jo, que morreu com apenas 23 anos.

Lisa foi acusada de raptar Victoria Jo, causando a morte de Bobbie Jo. A defesa alegou insanidade, insistindo que Lisa sofria de várias doenças mentais, tais como depressão, transtorno de personalidade limítrofe, transtorno de estresse pós-traumático e pseudociese, termo que designa um quadro clínico no qual uma mulher acredita que está grávida quando na verdade não está. Pessoas que desenvolvem esse quadro podem apresentar sintomas de gravidez, tais como inchaço do abdômen, dilatação dos seios, cessação da menstruação e até falsas sensações de movimentação fetal. Os advogados de Lisa não tentaram negar que ela tivesse matado Bobbie Jo; em vez disso, tentaram convencer o júri de que seu estado mental juntamente com o abuso físico e mental que sofrera quando criança fizeram com que cometesse o crime em um estado de dissociação delirante.

O júri não se convenceu. Confrontados com os depoimentos dos peritos, as fotos macabras da cena do crime e a ligação da mãe de Bobbie Jo para o 911, os jurados consideraram Lisa culpada e, em seguida, proclamaram sua sentença: pena de morte. Os advogados de Lisa apelaram da decisão, tentando livrá-la da condenação com base em uma tecnicalidade. Alegaram que Victoria Jo não poderia ser considerada uma pessoa até que fosse removida do útero da mãe – e como Bobbie Jo morrera *antes* que Victoria Jo fosse removida de seu útero, a acusação de sequestro resultando em morte não era um cenário possível. Uma comissão de jurados de um tribunal federal de apelação confirmou a condenação em 2011. Em 2012, a Suprema Corte negou-se a julgar o caso.

Lisa Montgomery encontra-se atualmente no corredor da morte em Fort Worth, Texas.

EDWARD FRANK MANUEL

14

Add as friend

O "ASSASSINO
DO BATE-PAPO
SUICIDA"
–
–

RJ Parker // JJ Slate
SOCIAL KILLERS .COM

Compartilhar informações pessoais na internet é uma tendência um tanto nova. Expressamos nossos interesses na rede e fazemos novos contatos sem saber de verdade com quem falamos. Pode ser um homem fingindo ser uma mulher ou um criminoso fingindo interesse em serviços oferecidos através de anúncios. Assassinos perigosos seduzem vítimas na internet por meio de sites como a Craigslist ou salas virtuais de bate-papo. Embora seja cada vez mais difícil para a polícia evitar tais tipos de crimes, nas poucas vezes em que uma potencial vítima de assassinato é salva de seu algoz o fato é considerado uma vitória. Aconteceu com Edward Frank Manuel.

Edward tinha 55 anos e morava na cidade de Houston, no Texas. Era casado e trabalhava como assessor técnico de comunicação. Em 2003, começou a frequentar salas de bate-papo para pessoas com tendências suicidas. Há relatos de que, em uma dessas salas, Edward se gabava de ter ajudado gente suicida a pôr fim ao próprio sofrimento. Foi ali que conheceu uma mulher do estado de Wisconsin que manifestava desejo de morrer. Ela pediu ajuda a Edward e ele concordou em matá-la.

Edward teria dito à mulher para vender todos os seus pertences e pegar um ônibus até o Texas, onde os dois se encontrariam na rodoviária de Houston. Combinaram de, juntos, cavar uma sepultura para ela em um parque estadual. Edward então a estrangularia durante o sexo, depositaria uma rosa amarela sobre seu peito e a enterraria onde ninguém pudesse encontrá-la.

A polícia parou o carro de Edward a caminho da estação rodoviária. Com ele, os agentes encontraram rosas amarelas e o que parecia ser uma espécie de instrumento de estrangulamento, embora a real natureza desse instrumento nunca tenha sido divulgada. A suposta suicida, que comparecera de fato ao encontro e esperava por Edward no ponto de ônibus, na verdade fazia parte de uma operação policial planejada. Sua identidade, porém, permanece em sigilo até hoje. Não se sabe se ela entrou em contato com a polícia depois de mudar de ideia ou se a operação como um todo não passou de uma emboscada para capturar um potencial assassino.

Depois de sair da cadeia pagando uma fiança de 10 mil dólares, e enquanto aguardava sua audiência, marcada para janeiro de 2003, Edward foi apelidado pela mídia de "Assassino do Bate-papo Suicida". Acusado de tentativa de homicídio qualificado, Edward enfrentava uma possível condenação de até vinte anos atrás das grades.

Você pode achar estranho que um homem que não havia cometido assassinato algum ou sequer havia chegado a atacar essa mulher pudesse ser indiciado por tentativa de homicídio. Afinal, mesmo que Edward de fato tivesse rosas dentro do carro, além de algum tipo de aparelho que pudesse ser usado para estrangular alguém, havia motivo para levá-lo preso? Ele não poderia ter ido se encontrar com a mulher por mera curiosidade?

Os advogados de defesa devem ter pensado a mesma coisa. Conseguiram fazer um acordo com a promotoria. Edward Frank Manuel declarou-se culpado de tentativa de homicídio e recebeu apenas dez anos de liberdade condicional, que cumpriu em 2013, sem nenhum tempo adicional de prisão.

A sala de bate-papo para pessoas com tendências suicidas desapareceu, mas as postagens ressurgiram em outro lugar da internet. Ignora-se até hoje qual seria a real motivação da mulher ou se ela estaria o tempo todo trabalhando para a polícia. O que esse caso deixou claro é que assassinos em potencial procuram vítimas vulneráveis em qualquer lugar, até em locais onde elas buscam conforto e segurança.

GEORGE BERNARD LAMP, JR.

15

Add as friend

À PROCURA DE
UMA MULHER
PARA LHE FAZER
COMPANHIA
—
—

RJ Parker // JJ Slate

SOCIAL KILLERS .COM

Nesta nova era da tecnologia, encontrar o que se procura nunca foi tão fácil. Empregos, produtos mais baratos, serviços... praticamente qualquer coisa pode ser encontrada com a ajuda da internet. No entanto, a web também está à disposição de criminosos, que podem encontrar vítimas com apenas alguns cliques. Um dos locais mais amplamente utilizados para serviços desse tipo é a Craigslist. É nesse contexto que nos deparamos com um novo tipo de criminoso, o qual os meios de comunicação nos EUA chamam de "Assassinos da Craigslist" – e George Bernard Jr. encaixa-se perfeitamente nessa categoria.

George Bernard Lamp, Jr. nasceu em 21 de dezembro de 1957. Antes de cometer seu primeiro e único assassinato, em março de 2008, George foi acusado de raptar e de tentar violentar uma mulher que conheceu na internet no outono de 2007. A mulher trabalhava como acompanhante, assim como sua vítima seguinte, que não teria a mesma sorte de escapar ilesa. George se identificava como Greg Lamp. Eles se conheceram em uma loja de conveniência perto da cidade de Troutman, no estado da Carolina do Norte, em 8 de outubro de 2007. George levou-a de carro até a Perth Road, onde obrigou-a a realizar um ato sexual. Em seguida, amarrou-a, colocou-a no banco de trás com o rosto voltado para baixo e dirigiu até um ponto de parada na Interestadual 77, perto de Mooresville. Ao tentar tirar a mulher do carro, ela conseguiu se libertar e escapar. George voltou para dentro do veículo e foi embora. Mas alguém testemunhou o que tinha acontecido. George foi preso e depois de se declarar culpado recebeu liberdade condicional.

George usou a Craigslist para atrair sua vítima seguinte. Em 10 de fevereiro de 2008, ele divulgou um anúncio na categoria "serviços eróticos" dizendo que estava à procura de uma mulher para lhe fazer companhia. Ele descreveu a si próprio como um "homem branco, de boa aparência e empregado". Bonnie Lou Irvine, de 52 anos, teve a infelicidade de responder ao anúncio.

Ao que parece, George e Bonnie trocaram uma série de e-mails, nos quais ele se identificava como Greg Lamp. Bonnie indicou-lhe o endereço de outras fotos suas hospedadas em sites populares entre homens à procura de prostitutas. Os amigos e familiares de Bonnie viram-na pela última vez quando saía de sua casa em Cornelius, Carolina do Norte, em 28 de fevereiro de 2008. George a matou e seu corpo só seria encontrado no dia 14 de março.

Em 2 de março, George postou outro anúncio na Craigslist, desta vez à procura de um mecânico. Dizia ter problemas com o sistema de alarme do Volvo da namorada – o alarme estava disparando sozinho e ele não conseguia entrar no carro (tratava-se na verdade do carro de Bonnie). Em 13 de março, George publicou seu último anúncio à procura de uma mulher. Embora Bonnie tivesse sido vista pela última vez em 28 de fevereiro, sua colega de quarto só relataria seu desaparecimento em 8 de março.

Em 13 de março, a força-tarefa do FBI, em colaboração com o Departamento Estadual de Investigação da Carolina do Norte, parou o Volvo ano 2001 que George dirigia em um posto de gasolina perto da Saída 42 da Interestadual 77. Eles procuravam o carro de Bonnie e quando consultaram a placa do veículo em poder de George descobriram que pertencia a um Ford Contour registrado em nome de Bernard Lamp. Acusado de violar a condicional, George foi preso. O carro continha resquícios de sangue e outros vestígios que os levaram até uma casa na Weathers Creek Road, na cidade de Troutman. Nos fundos do imóvel, dentro de uma cova rasa, encontraram o corpo de Bonnie.

Em 22 de março de 2008, George foi indiciado por uma alegação de assassinato qualificado e outra de sequestro qualificado. Ele aguardaria seis longos anos até ser julgado. Em janeiro de 2014, finalmente teve início o julgamento pelo assassinato de Bonnie. A escolha do júri começou em 13 de janeiro e as testemunhas começaram a depor uma semana depois. A defesa obteve uma pequena vitória quando as acusações de sequestro foram retiradas.

O legista apresentou indícios de que George havia estrangulado a vítima. Embora não houvesse arranhões no pescoço, lesões no corpo da mulher indicavam que ela fora golpeada repetidas vezes no rosto e morrera por estrangulamento manual. A ausência de marcas de ligadura sugeria que o assassino a agarrara com força pela garganta enquanto ela tentava se soltar. Estima-se que Bonnie tenha perdido a consciência em apenas dez segundos, embora tenha levado alguns minutos para morrer de fato.

Quatro peritos testemunharam sobre os indícios nas roupas femininas que a polícia descobrira na garagem da casa onde Bonnie fora enterrada. Stephen Shawn, perito em cabelos e fibras, disse que uma amostra de cabelo por ele examinada era similar ao de Bonnie, mas ressalvou que os resultados do teste não eram conclusivos. Jennifer Ramirez, especialista em análise de DNA nuclear, e Megan

Peterson, uma serologista (que estuda o plasma, o soro sanguíneo e outros fluidos corporais), declararam que o teste do sangue encontrado na roupa deu positivo, mas os testes de confirmação ou deram negativo, ou não havia indícios suficientes para testar. A dra. Susan Croup, especialista em DNA mitocondrial, explicou ao júri que o DNA mitocondrial herdado da mãe não é único para cada indivíduo; não havia quaisquer itens submetidos ao teste que pudessem ser relacionados a Bonnie ou George; entretanto, eles não podiam ser excluídos. Entre os itens testados estavam duas amostras de cabelo – uma obtida da fita adesiva sobre o saco plástico que continha o corpo da vítima e outra obtida de uma bolsa preta encontrada em uma lata de lixo na casa do irmão de George.

Além disso, a dona da casa onde o corpo da vítima foi encontrado, Leslie Belkin, era amiga de George e alguém o viu na residência, queimando coisas no quintal onde o cadáver foi descoberto, nos fundos da casa. Além disso, os vizinhos também afirmaram tê-lo visto dirigindo um Volvo ano 2001 (o carro da vítima) e alguém o viu tirar algo do porta-malas do carro. No total, 38 testemunhas prestaram depoimento e 270 provas foram apresentadas.

Em 5 de fevereiro de 2014, George Bernard Lamp, Jr. foi considerado culpado pelo homicídio de Bonnie Lou Irvine. O júri do Tribunal Superior do Condado de Iredell precisou de apenas três horas e quarenta minutos para deliberar e chegar a um veredicto. Em 19 de fevereiro, o júri recomendou a pena de morte.

HIROSHI MAEUE

Add as friend

16

UM FALSO
PACTO DE
SUICÍDIO

–
–

RJ Parker // JJ Slate
SOCIAL KILLERS
.COM

Para pessoas depressivas, salas de bate-papo são o lugar ideal para buscar consolo entre outros que vivem o mesmo. Infelizmente, como acabamos de descobrir, essas pessoas também podem se tornar presa fácil para tipos doentios que ficam na internet à espreita de vítimas. Ao compartilharem dados pessoais e seus sentimentos, podem estar sem querer se expondo a um assassino.

Hiroshi Maeue nasceu no Japão em 8 de agosto de 1968. Assim como outros jovens inteligentes de vinte e poucos anos, Hiroshi frequentava o Instituto de Tecnologia de Kanazawa. No entanto, por volta de 1988, tentou estrangular um de seus amigos, episódio que o forçou a se desligar do instituto. Alguns anos depois, em 1995, Hiroshi foi preso depois de atacar e tentar estrangular um colega de trabalho. O caso foi resolvido por meio de um acordo extrajudicial, mas Hiroshi acabou demitido do emprego. Anos depois, em 2001, foi detido de novo por tentar estrangular duas mulheres. Desta vez, Hiroshi foi condenado a passar um ano na prisão, com três anos sob regime condicional, mas foi solto no ano seguinte por bom comportamento. Não muito tempo depois de ser libertado, Hiroshi voltou a ser preso por tentar estrangular um menino do ensino fundamental. Recebeu uma nova sentença, de 22 meses de prisão.

Mais tarde, Hiroshi argumentaria que, quando criança, tinha lido um romance de mistério que deixou marcas profundas em sua mente e se tornaria, segundo ele, o estopim dos crimes mortais que cometeria depois de adulto. Matar pessoas, afirmou, deixava-o sexualmente excitado.

Depois de sair da prisão, em 2005, Hiroshi começou a acessar salas de bate-papo para suicidas, onde abordava vítimas em potencial. Cometeu seu primeiro assassinato em fevereiro de 2005. Hiroshi vinha trocando e-mails havia algum tempo com Michiko Nagamoto, 25 anos, moradora de Toyonaka. Michiko sofria de um quadro grave de depressão. Os dois fizeram um pacto de suicídio. Pretendiam acender um fogareiro a carvão dentro de um carro hermeticamente fechado; morreriam, portanto, de forma tranquila e indolor, envenenados por monóxido de carbono. Marcaram de se encontrar no dia 19 de fevereiro de 2005, em um carro alugado por ele. Depois de uma rápida conversa, Hiroshi asfixiou a Michiko. Segundo seu depoimento, ele obstruiu o nariz e a boca da mulher com as próprias mãos. O corpo de Michiko foi encontrado no dia 23 de fevereiro. A polícia conseguiu identificá-la pelas impressões digitais. Hiroshi havia enterrado o cadáver junto a um rio em uma região serrana de Kawachinagano, na província de Osaka.

Cerca de dois meses depois, em maio de 2005, Hiroshi fisgou sua segunda vítima. Usando o mesmo método, conseguiu matar um rapaz de apenas 14 anos, de Kobe. No mês seguinte, Hiroshi fez outra vítima. Matou um universitário de 21 anos. Os corpos foram abandonados em dois pontos distintos no sul montanhoso da mesma província.

Enquanto isso, investigadores da polícia estavam no encalço do assassino. Chegaram a Hiroshi rastreando os e-mails que trocara com sua primeira vítima, Michiko Nagamoto, e examinando o contrato de locação do carro onde a mulher fora asfixiada. Em 5 de agosto de 2005, Hiroshi foi detido pelo assassinato de Michiko. Já na prisão, confessou ter matado as outras duas vítimas (o menino da escola e o universitário). A polícia verificou os registros de pessoas desaparecidas e as outras vítimas foram confirmadas.

Acredita-se que Hiroshi tenha deixado mensagens em outros sites para suicidas. Seus crimes tinham motivação sexual. Ele sofria de uma parafilia, de um distúrbio psicossexual, que segundo ele o impedia de alcançar o orgasmo e de ter prazer sexual a menos que estrangulasse alguém. Gostava de ver suas vítimas agonizando, morrendo sufocadas.

Durante o julgamento, os promotores se empenharam para que recebesse a pena de morte. Argumentaram que, se fosse solto, o acusado continuaria representando uma ameaça para a sociedade, pois não seria capaz de resistir aos impulsos sexuais que o levaram a cometer os crimes. Em 28 de março de 2007, o tribunal do distrito de Osaka condenou-o à morte. O juiz destacou que o caso de Hiroshi era intratável e salientou que "o crime foi cruel, bárbaro e ultrajante". Quando lhe perguntaram se voltaria a cometer tais crimes caso fosse solto, Hiroshi respondeu: "Tenho certos receios". A defesa tentou recorrer da decisão, mas em 5 de julho de 2007 o recurso foi indeferido. Hiroshi Maeue aceitou seu destino e se mostrou disposto a pagar pelos crimes que cometeu. Foi enforcado em 28 de julho de 2009, em Osaka.

JOHN KATEHIS

Add as friend

SEXO CASUAL
E SELVAGEM
COM
SUFOCAMENTO
–
–

RJ Parker // JJ Slate

SOCIAL KILLERS .COM

John Katehis cometeu seu primeiro e único assassinato quando tinha apenas 16 anos. E ele conheceu sua vítima através da Craigslist.

John Katehis, um estudante norte-americano, nasceu no ano de 1992. Pouco se sabe sobre sua infância e adolescência. No entanto, é notório que, assim como qualquer garoto nessa faixa etária, ele navegava na internet e tinha registro em diversos sites, inclusive no MySpace. Chegou a ter uma conta ilegal no XTube. (A ilegalidade se deve ao conteúdo pornográfico do site, que funciona como o YouTube: John fingiu ter 18 anos para criar a conta.)

Em seus perfis, ele divulgava sua idade (menos no XTube) e informava onde morava em Nova York. Também listava seus hobbies – ciclismo, pular telhados, sair com os amigos, ouvir música no iPod e se dedicar ao Parkour – e dizia que gostava de atividades radicais e arriscadas, e que tinha interesse em conhecer pessoas. Por fim, declarava-se um satanista laveyano e sadomasoquista.

O caminho do crime foi uma escolha fácil para John. Em 18 de março de 2009, com o intuito de ganhar dinheiro fácil e rápido, o futuro assassino respondeu a um anúncio da Craigslist publicado por George Weber, 47 anos, repórter que trabalhava como âncora freelancer para a rádio ABC News. George procurava sexo casual e selvagem com alguém disposto a sufocá-lo. Por 60 dólares, John concordou em encontrar George e, como parte do trato, aceitou prender seus pés com fita adesiva e sufocá-lo. Marcaram de se encontrar no dia 20 de março de 2009.

Naquele dia, um dos vizinhos de George viu um rapaz, o qual acreditava ser John, falando no celular em frente ao prédio onde George morava. Por volta das 18h, George convidou-o a entrar. O que segue é a versão de John do que aconteceu – a única conhecida.

Segundo John, depois de entrar no apartamento, George lhe ofereceu cocaína. Tudo corria conforme o planejado. John, atendendo um pedido de George, o atou pelos tornozelos. Depois disso, George puxou uma faca e atacou John. Os dois travaram uma luta, ambos disputando a posse da faca, quando de repente a lâmina atravessou a jugular de George. John relataria que, ao puxar a faca do pescoço do homem, acabou cortando a mão. Era a primeira vez que provava cocaína, afirmou, acrescentando que na hora ficou paranoico e que tudo acontecera rápido demais. Em seguida, por causa das manchas de sangue, John trocou de roupa e deixou o apartamento. Às 21h13, alguém avistou John em um trem da rota G do metrô, sentido norte. Ele estava com a mão sangrando. Da estação, a equipe do Serviço Médico de Emergência o encaminhou para o Centro Hospitalar Elmhurst, no distrito do Queens, onde foi tratado e rapidamente dispensado. John disse aos médicos que o corte na mão esquerda fora causado por uma garrafa quebrada. O corpo da vítima só seria encontrado dois dias depois, em seu apartamento, em Carroll Gardens, no Brooklyn.

A polícia conseguiu identificar John a partir dos e-mails que trocara com a vítima depois de contatá-la pela Craigslist. Embora John não tivesse antecedentes criminais, a polícia ainda suspeitava dele. Depois do assassinato, John foi à casa de um amigo, mas os detetives conseguiram localizá-lo com a ajuda do pai, que o convenceu a encontrá-lo em uma rodoviária de Middletown, Nova York, no dia 24 de março de 2009. Quando John chegou ao local, já não podia escapar da polícia, que o aguardava.

John começou seu relato. Teria agido em legítima defesa, o que a polícia julgou difícil de acreditar. Para começo de conversa, nenhum vestígio de drogas foi encontrado no apartamento de George. Em segundo lugar, de acordo com o legista, George não foi esfaqueado uma vez apenas – foram, na verdade, cerca de cinquenta facadas no pescoço, nos ombros, nas mãos, no peito e também nas costas. Largada à própria sorte no apartamento, a vítima sangrou até a morte. Além disso, a arma usada para apunhalar George nunca foi encontrada. Por fim, durante os quarenta minutos de sua confissão à polícia, John parecia bem relaxado, rindo da situação enquanto degustava uma rosquinha.

John sustentou que só esfaqueara a vítima uma vez e que, quando deixou o apartamento, depois de pegar os 60 dólares que haviam combinado, George ainda se mexia. No entanto, a promotoria argumentou que o assassinato não foi resultado de um acidente ou de uma luta corporal e que George não representava nenhuma ameaça para John. Por sua vez, a defesa rebateu afirmando que a vítima era de fato um predador sexual e que John "fora usado por um senhor mais velho".

Apesar de ter cometido o assassinato quando tinha 16 anos, John foi julgado como adulto por homicídio culposo. Também foi acusado de posse ilegal de arma. Sem chegar a um veredicto, o júri foi dissolvido e um segundo júri foi formado, o qual, em novembro de 2011, declarou o réu culpado. No dia 13 de dezembro, John Katehis foi condenado de 25 anos de reclusão à prisão perpétua, a pena máxima.

PETER CHAPMAN

Add as friend

UM LONGO
HISTÓRICO
DE CRIMES
SEXUAIS

RJ Parker // JJ Slate
SOCIAL KILLERS.COM

Em 2009, a segurança na internet tornou-se um tema de destaque na mídia britânica. Em outubro do mesmo ano, uma tragédia abateu-se sobre a família Hall. Ashleigh Hall, de 17 anos, foi arrancada do seio familiar depois de conhecer um homem no Facebook que se passava por um adolescente. O caso levou muita gente a criticar o Facebook por não contar com um "botão de pânico" contra pedófilos, como é comum em outras redes sociais no Reino Unido. Por meio desse botão, os usuários que se sentem ameaçados por um pedófilo têm acesso direto à página do Centro de Proteção contra a Exploração Infantil na Internet (CEOP, do inglês Child Exploitation and On-line Protection). Ali, profissionais treinados ajudam as vítimas a lidar com a situação e as orientam a denunciar o caso à polícia, se necessário. Os pais de Ashleigh acreditam que, se o Facebook tivesse aderido ao botão de pânico, sua filha poderia estar viva até hoje.

Peter Chapman nasceu em janeiro de 1977, em Darlington, uma cidade do condado de Durham, na região nordeste da Inglaterra. Foi criado pelos avós em Stockton. Aos 26 anos, mudou-se para Liverpool. Em 2007, retornou ao condado de Durham e depois se mudou para Merseyside.

Muito antes de todas essas mudanças, Peter já havia sido acusado diversas vezes de agressão sexual. Seu longo histórico de crimes sexuais começou quando tinha apenas 15 anos. Aos 19, foi condenado a sete anos de prisão depois de estuprar duas prostitutas enquanto as ameaçava com uma faca. Peter ganhou liberdade em 2001; na teoria, deveria ser constantemente monitorado, mas de alguma forma conseguiu ficar fora do radar da polícia.

Em 2003, passando de carro por uma zona de prostituição em Liverpool, Peter abordou uma prostituta que concordou em fazer sexo com ele por 60 libras. Na época, a mulher tinha apenas 26 anos e era viciada em drogas. Peter levou a mulher para um apartamento nas redondezas e, quando chegaram, ordenou que ela tirasse a roupa. A mulher exigiu receber o dinheiro adiantado e Peter a atacou. Com uma fita adesiva, amordaçou-a e imobilizou suas mãos. A mulher implorou-lhe que não a machucasse, mas Peter a subjugou e a estuprou. Durante todo o tempo, ele portava uma faca de 30 cm e ameaçava matá-la caso se recusasse a fazer o que ele mandava. Após consumar o ato, pediu desculpas e disse que não queria machucá-la, mas em seguida a estuprou novamente. Ela foi mantida em cativeiro por quinze horas. Depois disso, Peter forçou-a a entrar no carro e deixou-a perto da área onde a encontrara mais cedo. A mulher relatou o que tinha acontecido à polícia e descreveu o apartamento aonde tinha sido levada. Sua descrição permitiu que se localizasse o agressor, que foi indiciado por sequestro e estupro.

Infelizmente, quando o caso enfim foi a julgamento, a mulher não testemunhou por medo de encarar seu agressor. O caso desmoronou e ele pôde sair livre do tribunal. Mais tarde, a mulher se mostraria arrependida – se tivesse sido mais corajosa, Peter não estaria livre para matar Ashleigh Hall.

Depois disso, Peter ficou em Liverpool, onde começou um relacionamento com Dyanne Littler, uma mãe solteira de 25 anos. No entanto, ao descobrir que o nome de Peter constava no registro público de agressores sexuais, Dyanne terminou com ele.

Peter gostava de usar a internet, pois a rede lhe garantia certo anonimato. Por meio das redes sociais, Peter conseguiu entrar em contato com 2.981 garotas de idades entre 13 e 31 anos. Foram postados mais de oitocentos comentários em sua página no Facebook. Ele era um homem de 33 anos, calvo e com dentes estragados, mas no Facebook fingia ser um adolescente boa-pinta chamado Pete Cartwright. Como data de aniversário, Peter usava a data verdadeira, mas escolheu um ano diferente para parecer mais jovem. Foi através do Facebook que conheceu Ashleigh Hall, de 17 anos. No dia em que Peter a conheceu, outras cem garotas aceitaram seu pedido de amizade. Enviou a Ashleigh uma foto de um garoto sem camisa, afirmando ser ele. Em 21 de outubro de 2009, Ashleigh concordou em encontrá-lo. Ele disse à garota que, no dia combinado, seu pai a buscaria. Antes de se encontrar com Ashleigh, Peter tentou ludibriar outra garota, de 15 anos, mas seu plano não deu certo.

Em um domingo, dia 25 de outubro de 2009, Ashleigh disse à mãe que ia para a casa de uma amiga, quando na verdade planejava ver Pete. Peter pegou o carro e partiu para o lugar onde os dois haviam combinado de se encontrar. Ele tinha dois telefones celulares; um deles pertencia a "Pete" e o outro era de seu fictício pai. Peter enviou uma mensagem a Ashleigh fingindo ser o pai de Pete. Perguntava se não havia problema ir buscá-la de carro e dizia que Pete mal podia esperar para vê-la. A garota respondeu que tudo bem e que confiava em Peter e no pai.

Peter usou então seu segundo celular para escrever para a garota fingindo ser Pete. A mensagem dizia: *"Princesa, meu pai já saiu. ele pediu desculpas pq tá com uma cara horrível rsrs Ele tava no trabalho rs acho melhor nem entrar pra conhecer a sua mãe assim né!! só quero ver q calcinha vc tá usando pra mim kkkk bjs"*. Quando chegou, enviou outra mensagem como Pete para avisar que o pai tinha chegado.

Ashleigh entrou no carro com Peter. Ele a levou para uma área isolada em Thorpe Arches, no condado de Durham. Usando fita adesiva, enrolou a cabeça, as pernas e os braços da jovem. Antes de sufocar a pobre vítima, Peter mandou-a se vestir. Então envolveu o rosto da garota com fita adesiva e a asfixiou. Livrou-se do corpo perto de um restaurante da rede Little Chef em Sedgefield, ainda em Durham. Peter sabia que, se a deixasse viva, Ashleigh poderia informar à polícia sobre seu perfil no Facebook, seu carro, onde ele morava e seus números de celular. Deixá-la escapar seria arriscado demais.

Peter estava prestes a se encontrar com outra possível vítima quando decidiu passar de carro pelo local do crime. Queria se certificar de que o corpo de Ashleigh não fora encontrado. A caminho de lá, entretanto, um patrulheiro achou seu comportamento suspeito e decidiu abordá-lo. Ao consultar a placa do carro, descobriu que Peter era procurado por uma infração de trânsito. Ele foi preso e levado para a delegacia de Middleborough, onde acabou confessando o assassinato de Ashleigh Hall. Conduziu os policiais até o entroncamento das rodovias A689 e A177, onde encontraram o cadáver vestido de Ashleigh.

Listado pela polícia como criminoso sexual, Peter era obrigado a permanecer em Merseyside depois de sair da prisão, mas a polícia não o manteve sob observação. Quando ficou claro para as autoridades que ele de fato não estava em Merseyside em janeiro de 2009, divulgaram um alerta com uma descrição sua por todo o país no intuito de localizá-lo. Infelizmente, isso demorou nove meses para acontecer e quem sofreu as consequências foi Ashleigh.

Peter Chapman foi condenado à prisão perpétua. O juiz enfatizou que o réu teria de cumprir no mínimo 35 anos de prisão antes de pleitear o livramento condicional. Os familiares da vítima, especialmente a mãe, ficaram profundamente abatidos com o que ocorreu. A mãe de Ashleigh declarou que espera que o Facebook leve a segurança na internet mais a sério e que o que aconteceu com a filha possa servir de exemplo para erradicar esse tipo de predador, especialmente os pedófilos, das mídias sociais.

KORENA ROBERTS

Add as friend

19

OBCECADA
POR
BEBÊS
—
—

RJ Parker // JJ Slate

SOCIAL KILLERS .COM

Desde seu lançamento, a Craigslist tornou muito mais fácil encontrar produtos e serviços baratos. Infelizmente, algumas pessoas mal-intencionadas também usam o site para escolher suas próximas vítimas. Korena Roberts era uma dessas oportunistas. Ela queria ter um bebê e quando encontrou uma mulher grávida na Craigslist achou que era a chance perfeita para realizar seu desejo.

Korena Elaine Roberts era obcecada por tudo que envolvesse bebês. Já tinha dois filhos de relacionamentos anteriores, mas em 2007 deu à luz um bebê natimorto. Foi quando passou a assistir compulsivamente a vídeos de partos no YouTube e a costurar roupas para bebês. Enredou-se a tal ponto em seu devaneio que chegou a dizer às pessoas que estava grávida de gêmeos. Korena morava com o namorado, Yan Shubin, em Portland, Oregon. Contou a ele que estava grávida em novembro de 2008. E parecia convencida disso, pois se queixava de enjoos matinais, tomava vitaminas pré-natais, agendava ultrassonografias e chegou até a frequentar um curso para gestantes.

Heather Megan Snively, 21 anos, estava grávida de verdade. Já tinha completado o oitavo mês de gestação e traria ao mundo um menino que planejava chamar de John Stephen. Heather nasceu em St. Albens, West Virginia, mas tinha se mudado fazia pouco tempo para Tigard, Oregon, onde morava com o noivo, Christopher Popp. Como toda grávida, Heather estava bastante animada com a perspectiva de ter seu primeiro bebê. No começo de junho de 2009, ela enviou um cartão postal à avó que dizia: *"Mamãe e Dave serão avós. Não é incrível?"* Ela ignorava o destino terrível que a aguardava. Tudo começou com alguns cliques inocentes.

Certo dia, Heather resolveu fazer uma pesquisa na Craigslist. Queria comprar umas coisinhas para o bebê. Para entrar no site, usou seu número de telefone e sua conta de e-mail do Yahoo!. Foi lá que conheceu Korena Roberts, a mulher obcecada por bebês. Korena anunciava artigos de enxoval para recém-nascidos. Quando Heather se mostrou interessada, Korena disse à mulher que também estava grávida e então as duas combinaram de se encontrar para trocar roupinhas de bebê. Depois de quase uma semana se comunicando por e-mail, elas finalmente definiram uma data: 5 de junho de 2009.

Quando chegou o dia, Heather foi à casa de Korena no condado de Washington. Vizinhos relatam ter avistado uma mulher grávida na companhia de Korena. Uma vez dentro da casa, Korena atacou Heather de forma brutal. A autópsia viria a revelar que Heather foi mordida (seu corpo apresentava marcas de mordidas no cotovelo) e violentamente espancada. Entretanto, a julgar pelos ferimentos nos braços da agressora e por um arranhão de dez centímetros de comprimento no lado esquerdo de seu pescoço, Heather resistira bravamente ao ataque. Mas Korena conseguiu subjugá-la e, depois de usar um objeto afiado para fazer uma incisão em seu ventre, arrancou o bebê de dentro dela. Heather não resistiu à perda de sangue e morreu.

Depois de esconder o cadáver no vão sob a casa, Korena ligou para o namorado. Naquele dia, Yan tinha chegado ao trabalho de manhã cedo, por volta das 6h. Cinco horas depois, voltou para casa para almoçar. Korena preparou-lhe um sanduíche. Ele não notou nada fora do comum. Yan saiu do trabalho às 14h30 e estava no banco quando recebeu um telefonema desesperado de Korena. Ela parecia estar sofrendo dores terríveis e disse ao namorado que precisava dele. Yan foi correndo para casa. Quando chegou, viu o chão coberto de sangue e precipitou-se para o banheiro, onde se deparou com Korena sentada na banheira com a torneira ligada e usando apenas um sutiã. Segurava nos braços um corpinho frágil e sem vida. Yan tomou o bebê da mulher e tentou reanimá-lo, mas seu esforço foi em vão. Quando os paramédicos chegaram, ficaram alarmados com a quantidade de sangue na casa e levaram Korena e o bebê imediatamente ao Providence St. Vincent Medical Center. Chegando ao hospital, os médicos examinaram o bebê e concluíram que estava morto. A polícia então foi acionada.

Korena disse às autoridades que estava grávida de gêmeos e que Yan achava que o outro bebê ainda podia estar na casa. Uma equipe de policiais foi até a residência procurar pelo outro bebê. A princípio, Korena recusou-se a realizar qualquer tipo de exame. No entanto, os médicos conseguiram persuadi-la e qual não foi a surpresa deles ao descobrirem que a paciente não apresentava qualquer sinal de parto recente. Solicitaram então uma avaliação psicológica, cujo resultado acabaria revelando que ela não sofria de nenhum transtorno mental.

Enquanto a polícia se dirigia à residência do casal, Korena confessou a Yan que fizera "uma coisa horrível". Foi quando ele acionou a polícia do hospital, sugerindo que dessem uma olhada no vão debaixo da casa. Lá os agentes encontraram o cadáver de Heather com um corte bem visível na barriga. Os resultados da autópsia revelaram que ela sofrera uma contusão muscular. O legista concluiu que

Heather fora espancada quase até a morte por um bastão retrátil do tipo utilizado pela polícia. Heather tinha recebido entre quinze e trinta golpes, a maioria na parte de trás da cabeça. A surra a deixou inconsciente, mas a causa primária da morte foi a perda de sangue em decorrência do corte no abdômen. Não se sabe que tipo de instrumento foi utilizado para cortar a barriga da vítima, mas Yan disse à polícia que dera pela falta de um pacote de lâminas de barbear que comprara alguns dias antes do assassinato. Também havia cortes no seio direito de Heather e seu braço direito foi mordido, possivelmente durante a luta entre as duas. Por fim, ficou comprovado que o bebê não chegou a respirar após ser retirado do corpo da mãe.

Korena foi presa e indiciada pelo assassinato de Heather Snively. No entanto, como o bebê não sobreviveu ao ataque, Korena seria julgada apenas por uma acusação de homicídio qualificado com dolo eventual – o que significa que a acusada estava tentando roubar o bebê da vítima e acabou matando Heather para consegui-lo. De acordo com as leis em Oregon, um ser humano é "uma pessoa que tenha nascido e esteja viva no momento do ato criminoso". Como a promotoria não podia provar que o pequeno John tinha nascido vivo, ele não foi considerado uma pessoa, mas sim um objeto ou um pertence a ser roubado. É por isso que Korena não foi indiciada pelo assassinato de John Stephen. Durante as investigações, descobriu-se que Korena já tinha entrado em contato e marcado encontros com outras mulheres grávidas além de Heather, mas nenhuma delas apareceu. Heather teve o azar de cair em sua armadilha.

Em agosto de 2009, Korena Roberts compareceu ao tribunal para ouvir as acusações e começou a chorar. Foi julgada por uma acusação de homicídio, quatro de homicídio qualificado e duas de roubo qualificado. Permanecia na prisão sem direito à fiança. No início, negou veementemente que tivesse matado Heather, mas em 2010 confessou-se culpada da acusação de homicídio qualificado. Korena disse: "Estou assumindo a responsabilidade porque sou culpada".

Ela foi sentenciada à prisão perpétua sem direito à liberdade condicional. Nos EUA, a confissão de culpa significa, na prática, que o réu renuncia ao seu direito ao devido processo legal em troca de uma pena menor. No caso de Korena, confessar-se culpada permitiu-lhe escapar da pena de morte. O reconhecimento de culpa e a sentença final foram resultado de negociações entre a promotoria e a defesa. A defesa queria deixar aberta a possibilidade de pleitear liberdade condicional no futuro, mas a promotoria não concordava e queria garantir que Korena jamais saísse da prisão e que não tivesse nenhuma chance de apelar da decisão.

A mãe de Heather Snively disse que tudo que a filha queria era trocar roupinhas de bebê. Também comentou que Heather tinha a tendência de confiar demais nas pessoas e que sair para encontrar Korena foi um erro. Já Kevin Snively, pai da vítima, queria poder ter a filha e o neto de volta. Enfatizou que a Justiça deveria punir com rigor a mulher responsável por tirá-los de sua vida. Christopher, namorado de longa data e noivo de Heather, ficou arrasado. Em um comunicado, expressou seu desejo de ver Korena receber a pena de morte. Os familiares da vítima queriam que Korena jamais esquecesse o que fizera e que aquilo continuasse a assombrá-la pelo resto da vida, pois, no que diz respeito a eles, aquela tragédia certamente os assombrará para sempre.

O SERIAL KILLER DE LONG ISLAND

Add as friend

UM ASSASSINO
ATERRORIZA
A REGIÃO

RJ Parker // JJ Slate

SOCIAL KILLERS .COM

Às 4h51 do dia 1º de maio de 2010, Shannan Gilbert fez uma ligação para o 911. Embora a gravação nunca tenha vindo a público, aqueles que tiveram acesso a ela contam que a mulher informa apavorada ao atendente que alguém está atrás dela tentando matá-la. O atendente lhe pergunta onde está, mas ela não chega a revelar sua exata localização. Por conta disso, a chamada acaba sendo transferida para a polícia estadual de Nova York e não para o departamento de polícia local do condado de Suffolk. De acordo com os relatos, era possível ouvir, na gravação, vozes masculinas tentando acalmar Shannan. Acredita-se que tais vozes sejam de Joseph Brewer, um homem de Long Island que a contratara como acompanhante através da Craigslist, e de Michael Pak, o homem que a levara de carro até o trabalho naquela noite.

Aos gritos, Shannan saiu correndo da casa de Brewer e foi parar diante da casa de um vizinho, Gus Colletti. Com o atendente do 911 ainda na linha, Shannan esmurrou a porta. Quando Gus abriu e quis saber o que estava acontecendo, a mulher se limitou a fitá-lo enquanto repetia sem parar: "Me ajude!" Gus ligou para o 911 do seu próprio telefone e instruiu Shannan a ficar sentada enquanto a polícia não chegava. Em vez disso, ela se lançou porta afora, correndo em direção à casa de outro vizinho.

Michael Pak foi visto logo atrás da mulher, em um utilitário esportivo preto, tentando persuadi-la a entrar no veículo. Desesperada, Shannan esmurrou a porta da casa de Barbara Brennan, que também chamou a polícia. Quando os policiais chegaram ao local, o relógio já marcava 5h40. A chamada de Shannan, como sabemos, fora transferida para outro departamento, de modo que a polícia contava apenas com as informações das ligações de Gus e Barbara. Àquela altura, Shannan já havia desaparecido, assim como o carro que a perseguia. A polícia concluiu que a mulher devia ter em algum momento entrado no veículo – um utilitário esportivo preto, segundo as descrições – e deixado o local em seguida. Não havia mais nada que pudessem fazer.

Quando a família de Shannan relatou seu desaparecimento, a polícia finalmente começou a ligar os pontos e não demorou até localizar seu telefonema de 23 minutos para o 911. Na esperança de determinar o paradeiro da mulher, começaram a fazer buscas em áreas remotas próximas à região litorânea de Long Island. Entretanto, o que os policiais encontrariam durante os dezoito meses seguintes teria um impacto permanente na vida dos habitantes daquela região. Os restos de dez pessoas, oito das quais mulheres, um homem e um bebê do sexo feminino, foram descobertos em áreas pantanosas espalhadas por três condados ao longo das comunidades litorâneas de Gilgo Beach e Oak Beach, passando também pelo Parque Nacional Jones Beach. Nenhum desses corpos pertencia a Shannan.

De repente, os investigadores se viram diante de um caso bem mais complexo do que imaginavam.

Em novembro de 2011, a polícia anunciou que acreditava ser de responsabilidade de apenas um homem todos os dez assassinatos. Entre as vítimas identificadas estavam cinco jovens de 20 a 30 anos dadas como desaparecidas entre 2005 e 2010: Jessica Taylor, Maureen Brainard-Barnes, Melissa Barthelemy, Megan Waterman e Amber Lynn Costello. Assim como Shannan Gilbert, que continuava desaparecida na época, todas as cinco vítimas haviam usando a Craigslist para divulgar seus serviços de acompanhante ou de garota de programa.

Em depoimento à polícia, a colega de quarto de Amber Costello disse que, na noite em que ela desapareceu, um cliente tinha oferecido 1.500 dólares por seus serviços, quase seis vezes mais que o valor normal. Insistente, continuou a pressioná-la para que saísse com ele mesmo depois que a mulher, desconfiada, dava mostras de querer desistir do programa. Muitos envolvidos no caso acreditam que o assassino usava a Craigslist para selecionar suas vítimas e atraí-las para um lugar isolado no meio da noite, onde então desferia seu ataque mortal. Em seguida, descartava seus corpos sempre na mesma área. A polícia acredita que as outras vítimas não identificadas também estavam ligadas à prostituição, mas nunca foi possível estabelecer um vínculo direto entre elas e a Craigslist. É bem provável que tenham sido assassinadas antes de 1995, quando o site foi fundado.

Entre os restos mortais das cinco vítimas não identificadas estavam os de um homem asiático com roupas de mulher, que provavelmente se prostituía na época de sua morte. Ele foi morto por meio de golpes violentos na cabeça, diferentemente das outras vítimas, que teriam sido estranguladas. Também foram achados os restos mortais de uma mãe e de sua filha ainda bebê, que pode tê-la acompanhado ao trabalho. Outro grupo de restos mortais foi conectado a duas pernas encontradas em um saco plástico quase uma década antes, em Fire Island. Os restos da última vítima não identificada foram igualmente conectados às outras depois que sua cabeça, pé direito e mãos foram localizados. O restante de seu corpo tinha sido descoberto em Manorville, Nova York, em 2000, perto da área onde o tronco de Jessica Taylor seria encontrado, em 2003.

Os restos mortais de Shannan Gilbert só foram encontrados em 2011, em um pântano, dezenove meses depois de iniciadas as buscas. Embora Shannan, assim como as cinco vítimas identificadas, também fosse uma acompanhante que divulgava seus serviços na Craigslist, a polícia não acredita que ela tenha sido assassinada pela mesma pessoa. Os investigadores sugerem que, naquela noite, depois de sair em carreira desabalada, ela pode ter caído no lodo turvo do pântano e se afogado. A família de Shannan discorda veementemente dessa conclusão e insiste que ela é a décima primeira vítima do assassino.

Amanda, a irmã adolescente de Melissa Barthelemy, revelaria à imprensa que o assassino usou o celular da irmã diversas vezes para ligar para ela e provocá-la. Melissa desapareceu em julho de 2009, mas Amanda recebeu pelo menos sete ligações perturbadoras e obscenas de um homem que se apossou do telefone de Melissa depois de seu desaparecimento. Em sua última ligação, ele admitiu ter matado Melissa, destruindo qualquer esperança que a família pudesse ter de encontrá-la com vida. O corpo de Melissa foi um dos primeiros a ser encontrado, em dezembro de 2010. A polícia rastreou as ligações feitas a partir do celular da vítima e concluiu que a origem fora algum ponto nas imediações da Times Square, em Manhattan.

Foram divulgadas poucas informações oficiais sobre o assassino, apelidado por alguns de "Serial killer de Long Island" (LISK, pela sigla em inglês) ou "Matador de Gilgo Beach" (GBK), mas o pouco que se sabe já é de arrepiar. As dez vítimas foram assassinadas entre 1996 e 2010. Ficou claro que o assassino visava prostitutas da área de Long Island e que costumava solicitar seus serviços por meio da

Craigslist. Embora seja difícil identificar com precisão a causa da morte de grande parte das vítimas, a polícia acredita que a maioria das mulheres tenha sido estrangulada ou espancada até a morte e em seguida desmembrada. Os restos mortais de várias delas foram descartados em sacos plásticos ou de estopa.

Em abril de 2011, o jornal *The New York Times* noticiou que o assassino seria provavelmente um homem branco, com idade entre 25 e 45 anos. Perfiladores criminais[1] e especialistas em serial killers do FBI calculam que ele seja casado ou esteja em um relacionamento estável. É possivelmente um indivíduo educado e de bom trato. Presume-se ainda que tenha emprego, estabilidade financeira e que trabalhe com algo que lhe permite fácil acesso a sacos de estopa, como paisagismo, serviços de terceirização ou pesca.

Alguns acreditam que o assassino pode ser um ex-policial familiarizado com técnicas de investigação. As ligações zombeteiras para a irmã de Melissa Barthelemy tinham todas se originado de áreas urbanas movimentadas, onde imagens de câmeras de segurança seriam inúteis. O assassino também procurou fazer chamadas curtas, de menos de três minutos, o que sugeria que soubesse serem necessários entre três e cinco minutos para rastrear uma ligação. Além disso, o assassino empenhou-se em desmembrar e descartar suas primeiras vítimas de forma meticulosa, indicando que tinha conhecimento de que tal linha de ação retardaria as investigações da polícia.

Já outros perfiladores criminais e especialistas em serial killers suspeitam que o assassino possa ser alguém que passa férias periodicamente em Long Island. Como as cinco vítimas identificadas desapareceram nos meses de verão, é possível que o assassino possua nessa região sua própria casa de veraneio ou visite todo ano a casa

---

[1] Profissionais responsáveis por traçar o perfil psicológico e comportamental de criminosos; nos países anglófilos, são conhecidos como *profilers*. [NT]

dos pais. Muitos acreditam que os locais de desova dos corpos indicam familiaridade com a área. É possível que o assassino tenha sido criado em Long Island e todo verão retorne para a ilha.

Seria verdadeira alguma dessas suposições sobre o assassino? Continuaremos sem saber até que a polícia consiga desvendar esse mistério de décadas e acabe de uma vez por todas com o clima de terror que paira sobre a região. Por muitos anos, vários moradores da comunidade de Long Island pareciam aguardar apreensivos e se perguntando quando o assassino voltaria a atacar ou se a polícia conseguiria desvendar o mistério antes que mais vítimas aparecessem.

Em julho de 2014, John Bittrolff, um morador de Manorville, Nova York, foi preso por dois assassinatos cometidos duas décadas antes. Segundo a polícia, eram casos arquivados sem qualquer relação com os assassinatos cometidos pelo serial killer de Long Island. Em 1993, o corpo de Rita Tangredi, 31 anos, foi descoberto em um conjunto habitacional na comunidade de East Patchogue, em Nova York. Três meses depois, o corpo de Colleen McNamee, 20 anos, foi encontrado perto da alameda William Floyd, em Shirley, também em Nova York. Sabia-se que ambas trabalhavam como prostitutas. As duas foram espancadas, estranguladas e tiveram os corpos jogados em um matagal. Além disso, cada mulher tinha uma peça específica de roupa faltando (não foi revelado ao público que tipo de peça). A polícia também investigava o possível envolvimento de Bittrolff com outro assassinato ocorrido em 1993 no condado de Suffolk. O corpo de Sandra Costilla foi encontrado no pequeno povoado de North Sea, em Nova York. Três mulheres foram mortas de modo similar e seus cadáveres foram deixados em posições semelhantes, de acordo com a polícia.

Mas talvez um dos aspectos que mais chamam atenção nessa prisão em particular não seja o espaço de tempo transcorrido entre os assassinatos e a prisão em si, mas a forma como esta última se deu. O irmão de Bittrolff, Timothy, foi preso em 2013 e condenado por um caso isolado de agressão. Quando os investigadores cruzaram o DNA de Timothy com a base de dados da polícia, como é rotineiro em se tratando de criminosos condenados, o analista encarregado percebeu que o DNA do criminoso era extremamente similar às amostras de DNA vinculadas aos assassinatos de Tangredi e McNamee, que continuavam sem solução. Tão similar, na verdade, que o assassino devia ter os mesmos pais que o homem que eles já tinham sob custódia. A partir daí, os investigadores conseguiram localizar o irmão de Timothy, John, cujo DNA combinava perfeitamente com os traços de DNA encontrados nos locais dos crimes.

E o que tudo isso tem a ver com o assassino de Long Island? A polícia diz que é muito cedo para relacionar John Bittrolff a qualquer uma das vítimas encontradas na área de Gilgo Beach e enfatiza que é improvável que haja qualquer conexão entre os dois casos. Thomas Spota, promotor de Justiça do condado de Suffolk, disse à imprensa que "os indícios colhidos pela equipe que examinou os restos mortais de Tangredi e McNamee, a maneira como os corpos foram encontrados e os locais dos crimes são circunstâncias bem particulares que distinguem nitidamente esses assassinatos daqueles ocorridos em Gilgo Beach".

Alguns especialistas, entretanto, acreditam que possa haver um vínculo entre todas essas vítimas. Um deles é Vernon Geberth, primeiro-tenente aposentado do departamento de polícia de Nova York. Na verdade, há *sim* uma conexão bem significativa entre os crimes que a polícia deixou de discutir com a mídia – o fato de que, entre os resquícios de corpos descobertos em Long Island, dois troncos humanos tinham sido enterrados no pinheiral de Manorville, a apenas três quilômetros de onde John Bittrolff morou por mais de uma década.

Em novembro de 2000, o corpo em decomposição de uma mulher foi encontrado dentro de sacos de lixo em um matagal à margem da

Halsey Manor Road, em Manorville, Nova York. Ela media 1,57 m e tinha entre 18 e 35 anos de idade. Sua identidade permanece um mistério. O corpo estava sem a cabeça e as mãos.

Em 2003, outro cadáver de mulher foi encontrado no pinheiral de Manorville. Também estava sem cabeça e sem as mãos, mas a polícia conseguiu identificá-la: chamava-se Jessica Taylor e tinha 20 anos. As respectivas cabeças e outras partes dos corpos de Jessica e da mulher encontrada em 2000 (hoje apelidada de Mulher Desconhecida #6) foram todas localizadas na região litorânea de Gilgo Beach em março e abril de 2011. As duas mulheres foram incluídas na lista oficial de vítimas do assassino de Long Island naquele mesmo ano.

Embora os corpos dessas duas mulheres tenham sido eliminados de maneira distinta, seus restos foram encontrados tão próximos de algumas das outras vítimas que os investigadores foram praticamente obrigados a considerá-las vítimas do mesmo assassino. Além disso, elas têm uma nítida ligação com Manorville, onde Bittrolff morava na época dos assassinatos.

Ainda que a polícia insista que as circunstâncias dos crimes são únicas e que o material biológico coletado das vítimas não sugere uma correspondência direta entre os casos citados, muitos estão começando a acreditar que a relação em comum com Manorville, o fato de que todas as vítimas identificadas eram prostitutas (ou levavam estilos de vida similares) e que vários corpos foram de alguma forma mutilados ou desmembrados são óbvias correspondências entre os crimes. Além de Jessica Taylor e da Mulher Desconhecida #6, quatro outras vítimas foram encontradas na região de Manorville entre 2000 e 2012 (dois homens e outras duas mulheres). Há um total de dezessete corpos possivelmente interligados – quatro homens, doze mulheres e uma criança. Em uma entrevista exclusiva ao canal de notícias PIX11, em agosto de 2014, Vernon Geberth disse a repórteres que acredita que os troncos em Manorville e pelo menos quatro corpos encontrados em Gilgo Beach estão todos interligados. Segundo ele, seria altamente improvável que dois ou mais serial killers resolvessem usar o mesmo local como ponto de desova. Qual a probabilidade de que um serial killer que desovasse dez corpos na costa de Long Island deixasse também os restos de duas de suas vítimas a apenas cinco quilômetros da casa de outro assassino – um assassino que também mata prostitutas e ainda por cima de maneira similar?

Suponhamos que Bittrolff seja de fato o assassino de Long Island e venha cometendo assassinatos há mais de dois anos. Nesse caso, é razoável assumir que seus métodos de matar e se desfazer dos corpos tenham evoluído ao longo do tempo. Comparar os locais dos crimes e o modo como os corpos foram descartados não parece ter tanta importância quando se está lidando com alguém que começou a matar na faixa dos 20 anos e continuou matando por tanto tempo que já se tornou um homem de meia-idade. Se somarmos a Craigslist a essa equação no caso de suas últimas vítimas, também faria sentido assumir que seus métodos tenham mudado com o desenvolvimento da mídia social nas últimas décadas.

Mas, afinal de contas, quem é John Bittrolff? Seu perfil coincide com aquele traçado pelos especialistas do FBI depois de analisar os crimes do serial killer de Long Island? John Bittrolff é um homem branco de 48 anos, casado e pai de dois filhos. Trabalhou a maior parte da vida como carpinteiro. Foi criado no vilarejo de Mastic Beach, em Nova York, onde frequentou a escola William Floyd. Vizinhos afirmaram que ele conhecia todo mundo e que sempre foi uma pessoa incrivelmente amável e prestativa. Um dos vizinhos chegou a dizer à imprensa que ele era uma espécie de "prefeito" da comunidade. Muitas dessas características parecem combinar com o perfil do assassino, mas é importante assinalar que tais correspondências não indicam que ele é o mesmo assassino que tem aterrorizado Long Island há décadas.

Uma coisa é certa: a polícia não tem pressa. Em julho de 2014, John Bittrolff foi indiciado pelos assassinatos de Tangredi e McNamee, e os investigadores que atuam no caso têm se empenhado para ligá-lo ao assassinato de Costilla. Pode ser que ainda estejam esperando reunir um número significativo de provas convincentes contra o acusado. Ou talvez tenham alguma prova irrefutável de que Bittrolff não é o assassino de Long Island e a estão mantendo em segredo para não comprometer as investigações. É possível que Tangredi, McNamee e Costilla sejam as únicas vítimas de Bittrolff? Em caso positivo, qual seria o motivo do hiato de vinte anos entre os crimes? E seria realmente possível que diversos serial killers tivessem escolhido a região de Long Island como terreno pessoal de caça e ponto preferencial de desova durante as últimas décadas?

CHRIS-
TOPHER
DANNEVIG

Add as friend

CRISES
DEPRESSIVAS,
AUTOMUTILAÇÃO E
AGRESSIVIDADE
–
–

RJ Parker // JJ Slate

SOCIAL KILLERS .COM

Christopher James Dannevig nasceu em 4 de novembro de 1989, na Austrália. Sua vida parece se resumir a uma longa cadeia de crimes violentos, cuja perigosa sucessão só poderia acarretar um resultado fatal. Aos 5 anos, Christopher foi submetido a testes psicológicos que o diagnosticaram com transtorno do déficit de atenção com hiperatividade (TDAH). Seus registros médicos indicam que sua infância foi marcada por crises depressivas e distúrbios comportamentais como automutilação, toxicomania e agressividade. Todos os seus relacionamentos pareciam terminar em desastre e violência.

Em 2005, Christopher, então com 16 anos, foi preso em New South Wales, estado na costa leste da Austrália, após atacar uma mulher que passeava por uma área de mata nativa similar ao cerrado. Ele feriu-a com uma faca e ameaçou matá-la, mas a vítima conseguiu escapar quando Christopher percebeu que havia outras pessoas por perto. Em 2008, persuadiu uma garota de 16 anos a acompanhá-lo até uma mata, alegando que precisava de ajuda para encontrar uma bolsa que perdera naquela área. Quando adentraram mais fundo na mata, Christopher sacou uma faca e reteve a garota no local. Segundo relatos, ele a imobilizou no chão, literalmente sentando em cima de seu corpo. De alguma forma, a garota conseguiu se desvencilhar, fugiu e denunciou o incidente à polícia. Ele foi condenado a seis meses de prisão por tentativa de sequestro.

Dias depois de ganhar a liberdade condicional, Christopher Dannevig, agora com 20 anos, já estava em busca de sua próxima vítima. Criou perfis em vários sites de namoro e procurou montá-los de forma a parecer inofensivo para suas potenciais pretendentes. Revelava seu sabor favorito de sorvete (chocolate), dizia que era fã de esportes e que gostava de tocar violão. Afirmava ainda que não era o tipo de cara que se importava com as aparências; queria apenas encontrar uma garota em que pudesse confiar, alguém que gostasse dele do jeito que ele era. Foi através de um site australiano de namoro chamado Oasis Active que Christopher definiu seu próximo alvo.

Nona Belomesoff tinha 18 anos e estava matriculada em um curso técnico de capacitação profissional (TAFE, como é conhecido na Austrália) para trabalhar na indústria de cuidados com os animais. Em seu perfil no Oasis Active, dizia que era apaixonada por arte, música, fotografia e, claro, animais. Ela também escreveu um slogan para seu perfil no típico linguajar que os adolescentes usam na internet: *"n adiciono ngm s/foto, é como falar sozinha e vai q vc é um assassino psicopata ou coisa assim né rsrs"*. Christopher entrou em contato com Nona através do Oasis Active e os dois também começaram a se comunicar pelo Facebook, onde ele descobriu muito mais coisas sobre sua futura vítima, incluindo sua paixão por animais. Depois de várias semanas trocando mensagens com Nona, Christopher criou uma conta falsa no Facebook usando o cognome Jason Green. Ele afirmava que liderava uma equipe de Serviço de Informação, Resgate e Educação para a Vida Silvestre (WIRES – Wildlife Information Rescue and Education Service). Logo após adicionar Nona como amiga com essa conta falsa, "Jason" ofereceu-lhe um trabalho no WIRES. Nas semanas que se seguiram, os dois planejaram se encontrar na estação de trem do distrito de Leumeah, onde dariam início a uma série de reuniões ao longo de vários dias, que funcionariam como uma espécie de processo de seleção. Os dois se encontraram em cinco ocasiões distintas durante um período de cinco dias, de 6 a 10 de maio de 2010. Durante essas reuniões, eles caminhavam por uma trilha em uma mata próxima e conversavam. Após um dos últimos encontros, Nona contou aos pais que Jason tinha lhe perguntado se ela sabia defesa pessoal e a empurrara no chão, prensando seu corpo contra o dela. Depois de soltá-la, disse que queria ensiná-la a reagir, caso alguém tentasse sequestrá-la ou estuprá-la um dia. Então, segundo Nona, ele amarrou as mãos dela atrás das costas e vendou seus olhos. Em seguida, empurrou-a em direção ao chão e perguntou: "O que você faria?" Quando a garota mostrou-se aflita e começou a chorar, Christopher a soltou, pediu desculpas e ofereceu-se para chamar uma ambulância. Nona se recusou.

Apesar desse encontro aparentemente violento e perturbador, Nona concordou em encontrar-se novamente com "Jason" dois dias depois, sob o pretexto de viajar com vários de seus colegas para um acampamento noturno, que seria o estágio final do recrutamento na WIRES. Nona disse à mãe que receberia um reembolso pelo tempo em que passaria viajando. Seria a primeira vez que ela dormiria longe de casa.

Em 12 de maio, Nona encontrou-se com Christopher no lugar de sempre, de onde os dois seguiriam para o campo de treinamento fictício. Embora tivesse dito que dois de seus colegas do WIRES os acompanhariam na viagem noturna até o acampamento, Christopher chegou sozinho. Como Nona não voltou para casa no dia seguinte, seus pais ficaram preocupados e comunicaram seu desaparecimento à polícia de Liverpool. Em 14 de maio, a polícia falou com Christopher, que disse ter visto Nona pela última vez na segunda-feira, 10 de maio. Ele tentou dar um álibi aos investigadores sobre seu paradeiro no dia que Nona desapareceu, mas a polícia não pôde confirmar sua história. Eles também descobriram que a conta bancária de Nona havia sido acessada de um caixa eletrônico na estação de trem de Leumeah na noite de 12 de maio. Alguém tirou um saldo e sacou em seguida a quantia máxima permitida, 170 dólares. As imagens da câmera de segurança não deixaram dúvidas: essa pessoa era Christopher Dannevig.

Quando os policiais o confrontaram com essa informação, Christopher admitiu que tinha pegado a bolsa de Nona e roubado o dinheiro de sua conta depois de descobrir sua senha. Na sexta-feira, 14 de maio, ele foi preso. Posteriormente, levou os investigadores até uma área remota na Reserva de Smith Creek, onde o corpo de Nona foi encontrado. Ela estava vestida, tinha uma máscara de dormir cobrindo-lhe os olhos e seu rosto estava parcialmente submerso no riacho. A maior parte de seus pertences estava espalhada a sua volta.

Christopher admitiu à polícia que tinha criado o perfil falso de Jason Green para fazer amizade com Nona depois de ficar sabendo da sua paixão por animais. Contou-lhes que estavam a sós quando ela morreu, mas afirmou que não sabia muito bem o que tinha acontecido. De acordo com sua versão dos fatos, os dois estavam sentados lado a lado no leito do riacho quando ele de repente "apagou". Ao recobrar os sentidos e olhar em volta, ele teria visto Nona estendida no chão, com o rosto emborcado na água. Também contou à polícia que ficou ali observando o corpo da garota por algo entre 30 e 120 segundos, mas durante esse tempo não tentou tirá-la da água ou reanimá-la. Resolveu então pegar o cartão bancário de dentro da bolsa dela e deixou o corpo onde estava.

Infelizmente, o legista não pôde determinar como Nona tinha morrido exatamente. O corpo dela estava em condições relativamente boas, o que era um indicativo de que não tinha reagido ao ataque de um agressor. Atestou-se que morreu por afogamento e Christopher foi preso.

Em uma conversa gravada com um policial disfarçado dentro da prisão, Christopher modificou sua história. Contou que os dois discutiram perto do riacho e que ele a empurrou, fazendo com que caísse e batesse com a cabeça contra as pedras. Ele teria então segurado a garota com o rosto debaixo d'água por dois minutos, afogando-a.

Durante o julgamento, os advogados do Christopher alegaram que ele não encontrara com Nona naquele dia com a intenção de matá-la. Entretanto, a promotoria argumentou que a maneira como Christopher agira, ao fazer amizade com a vítima usando um perfil falso e fingir ser alguém que trabalhava no campo de assistência aos animais, mostrava que ele se dedicara a cultivar um relacionamento com a vítima no intuito de conquistar sua confiança. Além disso, suas ações nos dois dias que antecederam o ataque fatal indicavam que seu comportamento vinha se tornando progressivamente mais violento. O fato de a vítima ter sido encontrada com uma venda sobre os olhos dá credibilidade à história que Nona contou aos pais antes de morrer – que "Jason" andava lhe ensinando táticas de defesa pessoal – e contradiz diretamente a versão de Christopher, segundo a qual os dois estavam sentados e conversando antes do seu suposto "apagão".

Os advogados de defesa também tentaram sustentar que Christopher possuía uma leve deficiência intelectual que poderia ter exercido alguma influência. Ele foi então submetido a um teste a fim de demonstrar se seu raciocínio cognitivo e seu comportamento adaptativo estavam significativamente comprometidos.

Isso poderia provar se ele era mentalmente deficiente. Apesar disso, Christopher nunca foi diagnosticado com nenhum transtorno ou doença em particular.

Em agosto de 2011, Christopher Dannevig reconheceu-se culpado do assassinato de Nona e foi condenado a 21 anos de prisão. Poderá pleitear liberdade condicional em agosto de 2032, faltando poucos meses para completar 43 anos de idade.

Em resposta ao público, um porta-voz do Facebook falou abertamente sobre o episódio. "Este caso serve como uma dolorosa advertência aos internautas, que devem ser extremamente cautelosos ao se comunicar com pessoas desconhecidas pela web. Queremos reforçar a recomendação da polícia e pedir encarecidamente às pessoas que não se encontrem com ninguém que tenham conhecido na rede a menos que saibam exatamente com quem estão falando, pois há gente sem escrúpulos e com propósitos malignos espalhada pelo mundo."

22

PHILIP MARKOFF

Add as friend

UM FÃ DE
HISTÓRIA,
BOLICHE
E GOLFE

RJ Parker // JJ Slate
SOCIAL KILLERS .COM

Philip Haynes Markoff nasceu em 12 de fevereiro de 1986 e foi criado na cidade de Sherill, em Nova York. Seu pai, Richard Markoff, era dentista e trabalhava em Syracuse, no mesmo estado. Philip tinha um irmão mais velho chamado Jon Markoff. Após o divórcio dos pais, o filho caçula foi morar com a mãe, Susan Haynes, enquanto o pai assumiu a guarda do mais velho.

    Quando criança, Philip era um aluno aplicado e bem-comportado, característica que não mudou conforme envelheceu. Em seus anos de ensino médio, era visto como um tipo popular que participava ativamente de várias atividades estudantis; era membro do clube de história, da equipe de boliche, do time de golfe, da Corte Juvenil e da National Honor Society (organização que distingue estudantes notáveis). Em 2004, Philip concluiu o ensino médio na Vernon-Verona-Sherrill High School. Seus colegas o descreviam como um sujeito legal e inteligente. Também era bonito. No que se referia aos estudos, Philip era sério no ensino médio e manteve essa reputação na faculdade. Após terminar a escola, foi cursar o preparatório de medicina na prestigiosa Universidade Estadual de Nova York em Albany (State University of New York at Albany). Três anos depois, em 2007, graduou-se em biologia. Socialmente, Philip ficava mais na dele, pois estava sempre estudando. Para se divertir, passava algumas raras noites jogando pôquer com os amigos.

Philip era voluntário no pronto-socorro do Albany Medical Center Hospital, onde, em 2005, conheceu Megan McAllister, dois anos mais velha que ele. Começaram a namorar e, em 17 de maio de 2008, ficaram noivos. Marcaram de se casar em 14 de agosto de 2009. Depois de se graduar, Philip foi aceito na Escola de Medicina da Universidade de Boston. Megan foi aceita na Universidade de Medicina e Ciências da Saúde em St. Kitts, no Caribe, mas decidiu adiar seus estudos até depois do casamento.

Philip e Megan eram muito diferentes – ela queria um casamento de primeira classe, enquanto ele estava endividado e vivia de dinheiro emprestado. Por causa da situação financeira de Philip, os dois ficavam bastante em casa e não costumavam sair com muita frequência. De acordo com Megan, Philip não tinha muitos amigos.

Embora fosse conhecido como um cara legal e não tivesse nenhum antecedente criminal, Philip tinha um lado negro sobre o qual ninguém sabia, nem mesmo Megan. Acredita-se que ele tenha começado a sondar a seção de anúncios exóticos da Craigslist à caça de vítimas no início de 2009, durante seu segundo ano na faculdade de medicina.

Em 10 de abril de 2009, Philip respondeu a um anúncio de Trish Leffler, que divulgava seus serviços de massagista na seção de serviços exóticos na Craigslist. Eles se encontraram no Westin Hotel em Boston, Massachusetts, onde Trish tinha reservado um quarto. Tiveram um primeiro contato ainda no corredor e só quando julgou que Philip era inofensivo é que o deixou entrar. Como o próprio Philip lhe dissera antes, ele parecia um estudante. A mulher deu-lhe as costas por um segundo, após abrir a porta, e quando se voltou havia uma arma apontada em sua direção. Philip forçou-a a se deitar de bruços no chão e amarrou suas mãos atrás das costas usando uma abraçadeira de náilon. Disse a ela que estava ali apenas pelo dinheiro e que não pretendia machucá-la. Conseguiu roubar 800 dólares em espécie, mas a mulher implorou-lhe que deixasse seu cartão do banco, pois do contrário ficaria totalmente sem dinheiro. Antes de sair, ele excluiu alguns números do celular dela, pegou algumas calcinhas suas e amordaçou-a com fita adesiva. Depois que Philip saiu, Trish conseguiu se libertar e foi pedir ajuda. A polícia procurou possíveis impressões deixadas pelo invasor, levou o celular da vítima como prova e pediu à mulher que assistisse a alguns vídeos das câmeras de segurança do hotel para identificar o homem.

Quatro dias depois, em 18 de abril, a massagista Julissa Brisman, 28 anos, foi encontrada morta junto à porta de seu quarto no Hotel Marriott Copley, em Boston. Ela também tinha anunciado seus serviços na Craigslist. Um homem, identificado apenas como "Andy", tinha entrado em contato com ela em resposta ao anúncio e os dois marcaram um encontro naquela noite, às 22h. Por medida de segurança, Julissa tinha combinado com sua amiga Beth de enviar uma mensagem de texto quando terminasse a massagem, mas Beth nunca chegou a receber a tal mensagem. A polícia foi chamada ao hotel depois que hóspedes ouviram gritos vindos de um dos quartos. Julissa foi encontrada com as mãos presas por uma abraçadeira de náilon, vestida só com as roupas íntimas, coberta de sangue.

De acordo com o legista, ela foi golpeada na cabeça com um objeto e alvejada em seguida com três tiros: um no peito, um no estômago e outro no coração. Via-se que a vítima oferecera resistência ao agressor, pois seus punhos estavam machucados e a pele encontrada sob suas unhas indicava que ela conseguira arranhá-lo. Graças a essa amostra de pele, a polícia dispunha agora do DNA do assassino de Julissa. Além disso, depois de examinarem os vídeos das câmeras de segurança, os agentes se depararam com uma figura familiar: o mesmo homem que atacara Trish. Como não recebeu a mensagem de Julissa, Beth ficou preocupada e ligou para o hotel para pedir a alguém que verificasse se estava tudo bem com a amiga. Sua ligação foi encaminhada à polícia. Beth forneceu aos investigadores o número do celular e o endereço de e-mail de "Andy", dados que contribuiriam enormemente para o avanço das investigações.

Tendo concluído que tinham um agressor e assassino em série nas mãos, os investigadores divulgaram o retrato do criminoso e se pronunciaram publicamente sobre os crimes. O caso ganhou cobertura imediata da mídia em escala nacional quando começaram a circular relatos sobre um novo "Assassino da Craigslist".

Apenas dois dias depois, o assassino atacou de novo. Cynthia Melton era uma stripper e também publicara na seção de anúncios exóticos da Craigslist. Em 16 de abril, marcou de encontrar um cliente no Holiday Inn Express, em Rhode Island. Como medida de segurança, o marido dela, Kevin, estava no quarto ao lado, esperando por ela. O cliente chegou ao hotel às 22h51. Depois de aprová-lo no exame inicial, Cynthia deixou-o entrar e tomou a dianteira. Quando se virou, o homem estava apontando uma arma para ela. Parecia nervoso. Como fizera com suas vítimas anteriores, prendeu as mãos dela com abraçadeiras de náilon. Garantiu-lhe que estava apenas atrás de dinheiro. Enquanto isso, Kevin ficou preocupado quando a esposa não o avisou da chegada do cliente e, de posse de uma chave extra, foi até o quarto vizinho conferir se ela estava bem. Quando abriu a porta, o invasor levou um susto. Kevin, surpreso de ver uma arma apontada em sua direção, recuou, tropeçou e caiu. O homem aproveitou essa oportunidade para escapar.

O casal ligou para a polícia e forneceu uma descrição detalhada do intruso. Os agentes também conseguiram identificá-lo a partir dos vídeos da câmera de segurança do hotel. Sabiam que estavam diante do mesmo homem contra o qual o departamento de polícia de Boston havia emitido diversos alertas. Agora já não tinham dúvida de que o assassino estava selecionando todas as suas vítimas por meio da Craigslist. Para ajudar nas investigações, a polícia de Rhode Island forneceu outras imagens do agressor obtidas a partir das câmeras de segurança de um Walmart próximo dali.

Em 18 de abril de 2009, os detetives vincularam os e-mails de "Andy" a Philip Markoff, que morava em um prédio de apartamentos em Quincy, Massachusetts. Usando o Facebook, a polícia encontrou Philip através de uma página que Megan tinha criado para o casamento dos dois. Descobriram que estudava medicina na Universidade de Boston. Depois de comparar a foto de sua carteirinha de estudante com as imagens das câmeras de segurança, passaram a vigiá-lo 24h. Em um supermercado, recolheram itens tocados por ele e enviaram suas impressões digitais para análise. As duas vítimas sobreviventes, Trish e Cynthia, julgaram ser Philip o homem que as atacou.

Em 20 de abril de 2009, Philip e sua noiva Megan decidiram fazer uma viagem para o hotel-cassino Foxwoods, em Connecticut. A caminho de lá, foram parados pela polícia, que deteve Philip pelo assassinato de Julissa Brisman. Os dois foram levados à delegacia para interrogatório. Megan tinha certeza de que a polícia havia capturado o homem errado e, como nada tinha a esconder, foi bastante colaborativa com as autoridades. Philip, por outro lado, se mostrou reticente durante o interrogatório.

Megan não acreditou que o homem com quem ia se casar era na verdade um assassino até que a polícia fez uma busca no apartamento onde moravam e encontrou mais provas incriminadoras. Dentro de um exemplar de fundo oco do livro *Henry Gray's Anatomy of the Human Body*, considerado um clássico sobre anatomia humana, a polícia descobriu uma arma. Philip tinha comprado a arma usando uma carteira de motorista em nome de "Andrew Miller", o mesmo nome com o qual se apresentou às vítimas. Os investigadores também encontraram balas que coincidiam com aquelas utilizadas para assassinar Julissa. Além disso, também acharam abraçadeiras de plástico, fita adesiva, celulares descartáveis da marca TracFone comprados em fevereiro do mesmo ano e dezesseis pares de calcinhas debaixo do colchão, incluindo as duas roubadas de Trish. Também encontraram, em seu laptop, alguns fragmentos de conversas com Julissa.

Também descobriram que Philip estava usando um endereço de e-mail do Yahoo! (sexaddict5385@yahoo.com) para trocar mensagens e fotos sexualmente explícitas entre a primavera de 2008 e janeiro de 2009. Ele também tinha se registrado em um site de BDSM voltado para "pessoas com estilos alternativos de vida". Em seu perfil, sob a categoria de travestismo, declarava que preferia desempenhar um papel submisso durante o sexo.

Em 21 de abril, Philip foi indiciado pelo assassinato de Julissa Brisman, entre outras acusações por porte de armas e roubo. Foi enviado para a prisão de Nashua Street, onde ficaria detido sem direito à fiança. Philip alegou inocência. Dois dias depois, tentou cometer suicídio enforcando-se com os cadarços dos tênis. Foi colocado sob observação.

Em 29 de abril, Megan visitou Philip na cadeia e rompeu o noivado. No dia seguinte, ele tentou se matar novamente. Usando uma colher de metal afiada, tentou cortar os pulsos, mas não conseguiu autoinfligir nenhum ferimento grave. Em junho, Philip parecia estar melhor e já socializava com outros presos. No entanto, quando Megan voltou a visitá-lo e lhe disse que seguiria em frente com seus planos de cursar o preparatório de medicina no Caribe, e que provavelmente nunca mais o veria de novo, Philip tentou o suicídio mais uma vez tomando uma overdose de pílulas contra ansiedade prescritas pelo psiquiatra da prisão. Foi novamente colocado sob observação.

Em 15 de agosto de 2010, um dia depois do que seria seu primeiro aniversário com Megan, Philip finalmente conseguiu se matar. Depois de espalhar fotos de sua ex-noiva sobre a mesa, escreveu com o próprio sangue as palavras "Megan" e "Pocket" (apelido pelo qual costumava chamá-la quando estavam juntos) sobre o vão da porta. Em seguida, cortou grandes artérias nas pernas e tornozelos, bem como a artéria carótida do pescoço. Também pôs um saco plástico na cabeça no intuito de se asfixiar, não sem antes engolir papel higiênico para que ninguém pudesse reanimá-lo. Em seguida, cobriu-se com cobertores e deitou-se na cama, pronto para morrer.

Em 16 de setembro de 2010, os promotores foram legalmente obrigados a retirar as acusações, já que o réu estava morto. O caso foi dado por encerrado e, em 31 de março de 2011, as 120 provas reunidas contra Philip Markoff foram disponibilizadas ao público, incluindo os sapatos marrons de couro que ele usava quando foi preso, salpicados com o sangue de Julissa Brisman.

DAVID KELSEY SPARRE

23

Add as friend

GOSTA DE MALHAR,
ADORA CRIANÇAS
E EM BUSCA
DE "RELAÇÕES
CASUAIS"
–
–

RJ Parker // JJ Slate
SOCIAL KILLERS .COM

Como muitos criminosos retratados neste livro, David Kelsey Sparre teve uma infância conturbada. Seu pai foi parar na prisão quando ele ainda era bem pequeno e sua mãe casou-se sete vezes, saltando de relação em relação, sempre pondo seus sucessivos maridos acima do filho. Vítima desde muito cedo de abusos físicos e emocionais, David entrou para o mundo das drogas e do álcool ainda na pré-adolescência. No ensino médio, alistou-se no programa do Corpo de Treinamento de Oficiais da Reserva (ROTC, na sigla em inglês), mas desistiu de seguir a carreira militar antes de se formar.

Usuário ativo de sites de relacionamento, David era cadastrado nos portais Lavalife, WooMe e DateHookup. Em seus perfis, dizia que gostava de malhar, adorava crianças e estava em busca de "relações casuais". David também acessava os anúncios pessoais da Craigslist, onde procurava mulheres com quem sair.

Social Killers

Tiara Pool, 21 anos, morava em Jacksonville, Flórida, com seu marido, Michael, e dois filhos, Kenyon e Kaeden. Michael trabalhava como técnico de sistemas de turbinas a gás na Estação Naval de Mayport e era frequentemente escalado para trabalhar embarcado por longos períodos de tempo. Em 2010, Tiara e o marido lutavam para manter acesa a chama de um frágil casamento. Seus dois filhos, de 1 e 3 anos, estavam morando com os avós enquanto ela tentava concluir os estudos. Tiara pretendia se formar em setembro de 2010 e planejava entrar para a Reserva da Marinha logo em seguida.

Enquanto o marido estava embarcado, ela postou um anúncio na Craigslist em busca de companhia. David, que tinha então 19 anos e morava no estado da Geórgia, respondeu ao anúncio e os dois começaram a se comunicar através de mensagens de texto. Eles conversaram por quase uma semana antes de finalmente decidirem se encontrar na cidade de Tiara, na Flórida. David disse que estava a caminho do hospital, o St. Vincent's Medical Center, onde deixaria a avó para uma cirurgia cardíaca (essa história era verídica), e foi lá onde os dois decidiram se encontrar.

Em 8 de julho de 2010, David levou sua avó de carro até o hospital. Os vídeos de segurança mostram David circulando pelo hospital antes de Tiara chegar. Algum tempo depois de se encontrarem, saíram juntos do hospital e partiram para a casa de Tiara no carro dela.

Em algum momento, os dois mantiveram relações sexuais. Em seguida, David esfaqueou-a 89 vezes no pescoço, nas costas e na cabeça, e abandonou seu corpo desnudo no chão do quarto. Ao examinar a mulher, o legista encontraria a ponta da faca cravada em seu crânio. O ataque tinha sido tão violento que a lâmina entortara. Na verdade, Tiara sobreviveu à maior parte do ataque e só morreu depois dos cortes profundos que sofreu nas costas.

David permaneceu na casa por algum tempo depois do crime, apagando seus rastros e procurando objetos para roubar. Então pegou o carro de Tiara, voltou para o hospital e escreveu duas mensagens de texto para o celular dela, dizendo "Nem adianta vir para cá, não vou poder sair" e "Você deve estar com raiva de mim".

Passados quatro dias sem ter notícias da amiga, Michelle Edwards foi até a casa de Tiara para conferir se estava tudo bem. Quando chegou, entrou e deu uma olhada pela casa. Em seu depoimento à polícia, Michelle relatou que, quando abriu a porta do quarto e viu a mão de Tiara estendida no chão, deu meia-volta no mesmo instante e saiu correndo para buscar ajuda.

Mais tarde, a polícia localizou o carro de Tiara estacionado perto do hospital e obteve as imagens de uma câmera de segurança que mostrava seu encontro com David. Dados colhidos do celular e do computador da vítima levaram a polícia direto ao assassino, que foi detido em 24 de julho, apenas algumas semanas depois do crime. Ele estava na casa de um familiar em Charleston, Carolina do Sul. Segundo a polícia, após ser preso, David confessou o crime, mas se recusou a dizer por que tinha assassinado Tiara de forma tão brutal.

Durante o julgamento, os advogados de defesa tentaram convencer o júri de que Tiara, após o ato sexual consentido, revelou que era uma mulher casada e tinha dois filhos. Ao saber disso, o réu teria ficado possesso e, em seguida, uma perda súbita de consciência o acometeu; quando voltou a si, o corpo de Tiara jazia no chão do quarto, reduzido a uma massa informe, ensanguentada e destroçada. A acusação contestou com veemência essas alegações, ressaltando que David esfaqueou a vítima dezenas de vezes com a maior faca que pôde encontrar na cozinha da casa e que após matar a mulher permaneceu no apartamento por algum tempo, limpando a cena do crime. Segundo relatos, ele teria ainda se gabado de ser um perito em investigações forenses, afirmando que aprendera a limpar a cena de um crime assistindo a seriados policiais na TV. Ele também roubou várias coisas da casa de Tiara antes de sair, incluindo um PlayStation 3 pertencente ao marido dela. David vendeu o videogame para uma loja de penhores ao regressar a Geórgia.

O júri deliberou por apenas 25 minutos antes de rejeitar a tese da defesa de que ocorrera um homicídio simples. Em vez disso, o réu foi condenado por homicídio qualificado.

Durante a fase de fixação da pena, David contrariou a recomendação de seus advogados e renunciou ao seu direito de indicar testemunhas para depor a seu favor durante a fase de execução da sentença. Por conta disso, ele perdeu a chance de apresentar fatores atenuantes que poderiam ter contribuído para seus atos violentos, tais como os abusos que supostamente sofreu quando pequeno, sua exposição precoce às drogas e ao álcool e qualquer condição médica relevante ao caso. O júri levou apenas uma hora para votar uma decisão e recomendar que David Sparre, então com 28 anos, recebesse a pena de morte pelos seus crimes. De acordo com relatos de pessoas presentes à sala do tribunal, David abriu um largo sorriso ao ouvir a decisão.

Pouco depois de o júri recomendar a pena de morte, vazou na mídia uma carta que David escreveu de dentro da prisão para sua ex-namorada. Nela, afirmava que tinha planejado o assassinato pelo menos uma semana antes de começar a buscar uma vítima. Sabia que ela estaria em Jacksonville naquela semana e tinha deliberadamente procurado na internet uma vítima naquela área. Dizia que havia matado Tiara "apenas pelo barato da coisa" e que não só gostou do que fez como esperava poder fazer aquilo de novo um dia. Ele também se declarou membro dos Crips, uma gangue de rua rival dos Bloods, e contou que seu primeiro assassinato foi um ritual de iniciação que envolveu matar a tiros um membro da gangue rival. Embora essas alegações careçam de comprovação e não se saiba se há qualquer verdade por trás delas, a promotoria conseguiu que a carta fosse admitida como prova antes de a juíza Elizabeth Senterfitt bater o martelo, determinando de vez o destino do réu. Em 30 de março de 2012, ela sentenciou David Kelsey Sparre à pena de morte.

RJ Parker // JJ Slate

Em dezembro de 2013, os advogados de David entraram com um recurso junto à Suprema Corte da Flórida pedindo que a pena de morte de seu cliente fosse revogada, sob a alegação de que o estado deveria ter permitido que a corte ouvisse depoimentos sobre circunstâncias atenuantes do caso, mesmo que o réu tenha renunciado a esse direito. Esse recurso tem o potencial de mudar a forma como casos de pena de morte são tratados na Flórida – uma corte de Justiça deve ouvir depoimentos sobre circunstâncias atenuantes mesmo que o réu abra mão desse direito? Até o momento em que este texto foi redigido, a Suprema Corte da Flórida ainda não tinha tomado qualquer decisão.[1]

---

[1] David Kelsey Sparre foi condenado à morte, mas pediu conversão da pena para perpétua. No dia 22 de janeiro de 2015, seu apelo foi rejeitado pelo Suprema Corte da Flórida. Ele continua aguardando execução no corredor da morte. [Nota do Editor, de agora em diante NE.]

CHRIS DEAN

Add as friend

UM
NEGÓCIO
DUVIDOSO
–
–

RJ Parker // JJ Slate

SOCIAL KILLERS .COM

Algumas pessoas usam a internet para aplicar golpes virtuais e roubar o dinheiro de usuários incautos. Mas quando as vítimas contra-atacam, as coisas podem tomar um rumo fatal. Em 1998, nos EUA, um caso desse tipo ganhou as manchetes dos jornais em todo o país.

Chris Dean foi criado no estado americano de Michigan. Aos vinte e tantos anos, obteve uma licença para atuar como motorista comercial (requerida nesse estado) e começou a trabalhar no transporte de carga para siderúrgicas. Alguns anos depois, mudou-se para Pierceton, Indiana, com sua segunda esposa, Diane. Por algum tempo, esteve empregado em um clube de golfe da região, chamado Little Bighorn. Em 1995, começou a trabalhar para a Sprint North, uma companhia de abastecimento. Sua função era dirigir um caminhão-plataforma que transportava carretéis de cabos telefônicos para entrega.

Em Pierceton, no clube de golfe Little Bighorn, era tido como um sujeito competitivo, porém bem-humorado. Os vizinhos se lembravam de sua obsessão por limpeza e organização: estava sempre lavando seus carros, cuidando do gramado e procurando manter a casa limpa. Dean também tinha grande interesse por rádios e era frequentador assíduo de lojas da área especializadas em equipamentos para operar na chamada Faixa do Cidadão. Ele era um radioamador licenciado e sempre mostrava consideração pelos outros quando estava no ar. Dean também gostava de caçar e fazia aulas de tae kwon do em uma academia da região.

Foi na internet que Chris Dean conheceu Chris Marquis, um rapaz que abandonara os estudos. Marquis já tinha usado diversos apelidos na rede, tais como "Psycho", "Taz" ou "PhantomOp", mas desta vez fingiu ser um homem casado de 27 anos, pai de família e dono de uma empresa na internet, a CB Shack (nome formado pela junção de CB, do inglês *Citizens' Band*, Faixa do Cidadão; e *shack*, cabana). Na verdade, Marquis morava com sua mãe, Sheila Rockwell, e sofria de uma doença que fazia com que sua visão fosse tão fraca que não podia enxergar à noite. Usar uma identidade virtual fazia com que Marquis se sentisse invencível. Ele criava essas identidades para fazer negócios com pessoas na web interessadas em trocar diferentes tipos de rádio. No entanto, quando as pessoas mandavam os itens combinados, Marquis não enviava nada em troca – isso quando não despachava itens antigos ou quebrados. Até o dia em que Marquis teve o azar de cruzar o caminho de Chris Dean.

Dean e Marquis fizeram um trato – Dean lhe enviaria um rádio Ranger RCI 2990, que valia pelo menos 800 dólares, e em troca Marquis lhe mandaria um rádio Cobra 2000 CB, que valia apenas uns 400. Embora os termos do negócio fossem duvidosos desde o início, já que Dean receberia em troca do item que estava enviando outro com metade do valor (alguns diziam que Dean havia na verdade roubado o equipamento de uma loja especializada em Pierceton),

Marquis seguiu em frente com o negócio, sabendo que sairia no lucro. Dean cumpriu sua parte do trato e enviou a Marquis o aparelho combinado. Marquis, no entanto, mandou de volta um rádio de comunicação portátil da marca Realistic, que nem sequer ligava. Quando Dean recebeu o aparelho, começou a ligar para Marquis fazendo ameaças e também lhe escreveu e-mails hostis. Além disso, avisou que iria atrás dele em Vermont para pegar seu dinheiro de volta. Mesmo com todas essas ameaças, Marquis tinha certeza de que sua mãe o protegeria, como sempre. Afinal, ela faria qualquer coisa pelo filho.

Enquanto isso, Dean começava a planejar sua vingança. Ele consultou um amigo – que posteriormente colaboraria com as investigações da polícia – sobre qual seria a melhor linha de ação: fazer uma visita intimidadora à sua futura vítima ou enviar-lhe um pacotinho surpresa. O amigo não sabia exatamente o que Dean pretendia enviar; na verdade, todos ficaram surpresos ao descobrir.

Em 19 de março de 1998, um motorista da UPS, uma empresa transportadora, entregou um pacote na casa de Marquis em Fair Haven, Vermont. Quem recebeu o pacote foi a mãe de Marquis, já que o filho estava ocupado falando com a namorada, Cyndi McDonald, usando o rádio que Dean lhe enviara. Ela levou o pacote para o quarto do filho. Nenhum deles reconheceu o nome ou o endereço do remetente que constava na caixa: Samantha Brown, rua South High, 1863, Bucyrus, Ohio. Quando Marquis pegou seu canivete e abriu o pacote, encontrou dentro dele uma caixa menor, feita de isopor. Houve uma súbita explosão e Marquis e a mãe foram arremessados ao chão com o impacto. Marquis morreu a caminho do hospital e a mãe ficou gravemente ferida. A bomba causou ferimentos graves em suas pernas e ela passou mais de um ano em uma cadeira de rodas.

A investigação sobre o atentado com bomba começou imediatamente e agentes do FBI se envolveram no caso. Enquanto revistavam o quarto de Marquis, encontraram um pedaço de papel contendo o número de telefone e o endereço de Dean. Na carteira da vítima, acharam um recibo da transportadora datando de 5 de março de 1998, com os detalhes de envio de um rádio para Indiana (o mesmo endereço que constava no papel) e um número de rastreamento. De posse desse número, os investigadores verificaram que o pacote tinha sido despachado via UPS de Rutland em 5 de março e entregue em Pierceton em 11 de março, às 13h56. O nome e o endereço escritos no pacote que continha a bomba eram um beco sem saída – a pessoa e a rua não existiam. No entanto, o FBI descobriu que a bomba foi deixada em um balcão de atendimento da UPS em Mansfield, Ohio, no dia 18 de março, próximo ao meio-dia, e foi expedida no dia seguinte.

De acordo com o patrão de Dean, a rota do caminhão que ele dirigia incluía Michigan, Indiana e Ohio. Além do mais, no dia 18 de março, por volta do meio-dia, Dean estivera entregando mercadorias em um armazém em Mansfield, Ohio, o que lhe teria permitido passar por Bucyrus para despachar o pacote. Um informante não identificado, amigo do suspeito, contou ao agente especial John Hersh que Dean era aficionado por rádios amadores e que andara tendo alguns problemas com um cara de Vermont com quem tinha feito uma permuta de rádios pelo correio. A polícia também descobriu que Dean havia procurado instruções na internet sobre como construir uma bomba caseira.

Em 20 de março de 1998, Chris Dean foi preso por enviar a bomba que causou a morte de Chris Marquis. Toda a investigação, incluindo a prisão, não levou mais de trinta horas. Amigos e vizinhos não conseguiam acreditar que Dean fosse capaz de fazer uma coisa dessas, ainda mais considerando o fato de que não tinha antecedentes criminais. Ele foi acusado de efetuar o transporte interestadual de um dispositivo explosivo com a intenção de ferir e matar Chris Marquis, pondo em risco a vida das pessoas a bordo da aeronave que transportava o pacote.

Em 25 de março, determinou-se que havia provas suficientes para transladar o acusado para Vermont, onde seria julgado. Em 2 de abril, ele foi transferido para uma prisão de segurança máxima. Em 22 de junho, Dean negou as acusações e declarou-se inocente. No entanto, as provas contra ele estavam se acumulando. Em sua casa, os investigadores encontraram um recipiente de isopor que coincidia com o material usado na bomba. Além disso, descobriram porcas sextavadas e linhas de pesca similares àquelas utilizadas na bomba. Em seu quintal, os agentes encontraram um buraco de explosão, um indício de que ele havia construído e detonado um protótipo de bomba. Chris Dean foi detido sem fiança enquanto aguardava ser julgado.

Em fevereiro de 2000, Dean modificou sua declaração de inocente para culpado em troca de uma sentença de prisão perpétua sem direito à liberdade condicional. Depois de sua confissão de culpa, a promotoria concordou em não continuar pressionando pela pena de morte. Ele atualmente está cumprindo sua pena em uma prisão federal em Western Virginia. Embora as provas contra Dean sejam numerosas, alguns acreditam em sua inocência. Teria Chris Dean realmente aprendido a fabricar uma bomba de cano em um período de apenas sete dias? E, sendo um homem inteligente, por que deixou rastros que levavam direto até ele? Será que a investigação da polícia e a subsequente prisão do suspeito não aconteceram um pouco rápido demais? Algum outro inimigo de Chris Marquis (o que ele tinha aos montes) não poderia tê-lo matado?

Em 2006, Chris Dean, atuando como seu próprio advogado, entrou com um recurso para anular a sentença, mas teve o pedido negado. Em resposta, a mãe de Chris Marquis, Sheila Rockwell, enviou um cartão ao condenado no qual dizia simplesmente: "Parabéns, você não conseguiu".

LACEY SPEARS

25

Add as friend

"MEU ANJINHO ESTÁ NO HOSPITAL PELA 23º VEZ..."

RJ Parker // JJ Slate

SOCIAL KILLERS .COM

Os monstros das mídias sociais não usam a internet apenas para localizar e atrair vítimas; sabe-se que também a utilizam para explorar as vítimas em proveito próprio ou para se divertir à sua custa. Segundo relatos, Lacey Spears teria feito exatamente isso – e a vítima era seu bebê.

Lacey Spears nasceu em 16 de outubro de 1987. Era a caçula dos três filhos de Terry e Tina Spears. Em 2008, então com 21 anos, começou um relacionamento amoroso com Chris Hill. Os dois moravam no mesmo prédio em Decatur, Alabama. Quando Lacey ficou grávida, os dois conversaram sobre nomes de bebê e até sobre a possibilidade de se casarem. Então, um dia, Lacey lhe disse que o filho que estava esperando não era dele. Começou a dizer aos amigos e à família que o pai era um homem chamado Blake – um policial que morrera tragicamente em um acidente de carro. Mas nenhum dos amigos ou familiares de Lacey tinha conhecido Blake e nunca a ouviram fazer qualquer menção àquele nome até então. Muitos deles hoje acreditam que Blake é um produto da imaginação fértil de Lacey e que ela teria inventado a história toda para ganhar a compaixão dos outros. Mais tarde, ela criou um blogue inteiramente dedicado a Blake e escreveu sobre o impacto que a morte dele teve na sua vida. Lacey rejeitou Chris e ameaçou ligar para polícia caso ele insistisse em se aproximar. Relutante, Chris cedeu e se afastou.

Em 3 de dezembro de 2008, Lacey deu à luz um menino saudável, que recebeu o nome de Garnett-Paul Thompson Spears. Ela continuou morando no mesmo condomínio que Chris, que costumava espiar pela janela quando ela chegava e saía para ver o próprio filho de relance, já que não podia estar pessoalmente com ele.

Quando Garnett tinha apenas 5 dias de idade, Lacey teve de levá-lo correndo para o hospital. Ele sofria de uma grave infecção no ouvido, apresentava febre alta e estava sangrando pelo nariz. Seria a primeira de muitas e muitas visitas que o pequeno Garnett faria ao hospital. Ao longo dos anos, quem acompanhava de fora tinha a impressão de que Garnett era o bebê mais azarado do mundo, atormentado com uma doença após a outra. Quando tinha apenas 1 mês de idade, teve de passar por uma cirurgia para tratar de um refluxo gastresofágico. Com 10 semanas, Lacey afirmou que Garnett simplesmente parou de respirar e os médicos descobriram que seus níveis de sódio tinham se elevado de maneira inesperada.

Aos 10 meses, os médicos inseriram um tubo de alimentação no abdômen de Garnett depois que Lacey afirmou que não conseguia fazer com que comida nenhuma parasse em seu estômago, já que ele vomitava tudo em seguida. Na verdade, Lacey tinha implorado aos médicos de um hospital que inserissem a sonda, mas eles se recusaram a fazê--lo depois que algumas enfermeiras decidiram tomar à frente e manifestar suas inquietações. Aparentemente, Garnett era capaz de comer e digerir bem a comida quando Lacey não estava por perto. Enfurecida, Lacey levou o bebê a outro hospital, onde a sonda foi inserida.

RJ Parker // JJ Slate

Era sempre a mesma história. Garnett era internado no hospital com alguma enfermidade e parecia se recuperar rapidamente depois de receber os cuidados das enfermeiras. Mas assim que Lacey o levava de volta para casa alguma coisa acontecia e ele retornava ao hospital com sintomas diferentes. Faltando poucas semanas para o primeiro aniversário de Garnett, Lacey postou a seguinte mensagem no Twitter: "Meu anjinho está no hospital pela 23º vez :(Por favor, rezem pra que ele volte logo para casa..."

Na verdade, Lacey era uma usuária assídua de redes sociais naquela época e também nos anos que se seguiram. Conforme Garnett crescia e sua longa lista de doenças continuava, Lacey recorreu à internet para agregar um grande número de simpatizantes que acompanhavam de perto sua história. Chamando-o de "Garnett, o Grande", Lacy criou um blogue chamado "A Jornada de Garnett", onde escrevia publicamente sobre a lista aparentemente interminável de problemas médicos de seu filho. Ela mantinha os fiéis leitores de seu blogue atualizados através do Twitter, do MySpace e até do Facebook. Nos poucos anos de vida do seu filho, Lacey já tinha acumulado uma quantidade enorme de apoiadores e fãs, que aguardavam ansiosamente pela próxima publicação com novas informações sobre a saúde do bebê.

Quando Garnett tinha 2 anos, Lacey mudou-se do seu apartamento em Decatur e levou o filho para morar com ela e a mãe em Clearwater, na Flórida. Lá ela começou a trabalhar como babá e ingressou em um grupo de apoio, onde compartilhava com outros pais sua experiência de criar um bebê cronicamente doente. Ela também falava de Blake, o pai fictício de Garnett que havia morrido em um acidente trágico de carro, deixando-a sozinha com o filho.

Uma vez em Clearwater, não demorou muito até que Lacey se tornasse visitante habitual do pronto-socorro. Garnett foi internado diversas vezes pelas mais variadas razões, tais como infecção por estafilococos, episódios de febre alta e sangramento no nariz ou nos ouvidos. Em 2011, duas pessoas contataram em ocasiões diferentes o Departamento de Crianças e Famílias da Flórida para prestar queixas contra Lacey, questionando sua ética como mãe e sugerindo que ela estava negligenciando a saúde do filho. Em uma das queixas (que partira de um dos membros do grupo de pais do qual Lacey fazia parte), alegou-se que ela esbofeteava Garnett para fazê-lo chorar e só depois o pegava no colo a fim de acalmá-lo. Alegava-se também que ela levava o menino para nadar quando seus olhos ou ouvidos estavam sangrando ou que o levava a tiracolo para resolver assuntos pessoais quando ele estava com febre.

Lacey teve de prestar esclarecimentos depois que essas queixas foram apresentadas. Os investigadores fizeram algumas perguntas e repararam no histórico médico preocupante do menino, mas não tomavam nenhuma medida concreta. Como Garnett não mostrava quaisquer sinais físicos de abuso, não havia muito que pudessem fazer. Sempre que alguém colocava em dúvida sua capacidade como mãe, Lacey se refugiava em seu fórum público e apregoava que Garnett vinha em primeiro lugar em sua vida e que ela nunca faria nada para prejudicá-lo.

Em 2012, Lacey e Garnett mudaram-se para Chestnut Ridge, Nova York. Lacey contou aos seus seguidores que ela e o filho estavam praticando terapia holística e vivendo com um grupo isolado conhecido como Fellowship Community ("Comunidade da Comunhão"). Esse grupo se propõe a viver da terra e possui uma comunidade exclusiva. Alguns de seus membros entrevistaram Lacey e outros que a conheciam a fundo antes de admiti-la entre eles. Cada visita que Lacey fazia ao hospital era acompanhada de publicações no blogue e no Facebook. Ela também começou a postar fotos perturbadoras do pequeno Garnett ligado a aparelhos, lutando para ficar bom. Lacey continuava a alimentá-lo por meio de uma sonda, apesar de alguns membros da comunidade o vissem ingerindo comida sólida com facilidade quando estava longe dos cuidados da mãe, em sua turma da pré-escola. Lacey contava a qualquer um que perguntasse que Garnett sofria de "má progressão temporal", diagnóstico dado a crianças que não conseguiam ganhar peso no ritmo adequado. No entanto, em todos os anos dentro e fora de hospitais, o pequeno Garnett nunca tinha sido diagnosticado com nenhuma doença específica.

Em 12 de janeiro de 2014, Garnett, então com 5 anos, foi acometido de uma aparente gripe. Ao longo dos onze dias que se seguiram, enquanto ele permanecia confinado em uma cama de hospital, Lacey publicou na internet que o menino teve convulsões e que acabou sendo entubado para poder respirar. Ela pediu às pessoas que orassem por seu filho moribundo, provocando uma enxurrada de mensagens de amigos e também de estranhos que acompanhavam a vida do pequeno Garnett pela rede.

Em 19 de Janeiro, Garnett foi transferido de avião do Nyack Hospital para o Maria Farari Children's Hospital, uma instituição pediátrica, onde foi colocado no sistema de suporte à vida. Lacey tirou uma foto de Garnett conectado ao aparelho de respiração e postou-a no Facebook, atraindo mais palavras de preocupação e orações de sua comunidade virtual. Teve início uma campanha de arrecadação de fundos para ajudá-la a custear as despesas médicas.

Ao analisar os registros enviados do Nyack Hospital, os médicos disseram a Lacey que o corpo do seu filho apresentava níveis assustadoramente altos de sódio e que era "metabolicamente impossível" que isso ocorresse de forma natural. Lacey não soube dar nenhuma explicação para o fenômeno. Em 21 de janeiro, Garnett entrou em coma e nunca mais recobrou a consciência. Seu cérebro tinha ficado tão inchado em decorrência dos elevados níveis de sódio que não havia mais nada que os médicos pudessem fazer.

Nos dois dias que se seguiram, Lacey dormiu em um catre no quarto de Garnett no hospital, onde continuou a atualizar seus fiéis seguidores a respeito do estado de saúde de Garnett, o Grande. Na quinta-feira, 23 de janeiro, Lacey escreveu no Facebook, "Garnett, o Grande, seguiu sua jornada para o infinito hoje às 10h20". Um dia antes de o filho morrer, Lacey ligou para uma vizinha da sua comunidade e pediu-lhe para ir à casa dela e descartar os materiais que ela vinha usando para alimentar o filho por meio do tubo de alimentação. Inicialmente, a amiga fez o que lhe foi pedido, mas pouco depois, ao tomar conhecimento de que havia uma investigação em curso sobre a morte de Garnett, entrou imediatamente em contato com a polícia.

Os médicos, ainda alarmados com os níveis de sódio encontrados no corpo de Garnett, tinham acionado a polícia antes mesmo que o menino de 5 anos entrasse em coma. A polícia conseguiu recuperar o saco que Lacey pediu à vizinha para jogar fora e descobriu que a solução com a qual ela alimentava o filho continha níveis tóxicos de sal. O celular de Lacey foi apreendido e os investigadores descobriram que ela havia pesquisado especificamente sobre os perigos que uma ingestão exagerada de sal representava para uma criança.

A polícia também se debruçou sobre as imagens em vídeo obtidas do quarto de Garnett durante sua permanência no Nyack Hospital, de 17 a 19 de janeiro. No primeiro dia, Garnett parecia estar bem e os médicos informaram a Lacey que ele poderia ir em breve para casa se o estado clínico dele continuasse a melhorar. Logo depois disso, as imagens mostravam Lacey tirando Garnett de seu leito e levando-o até o banheiro, ao mesmo tempo que segurava o conector do seu tubo de alimentação e uma xícara de líquido. Ao voltar para a cama, Garnett começou a se debater e a vomitar. Lacey levou Garnett ao banheiro várias outras vezes e cada vez que voltava para o quarto o menino gritava e se retorcia de dor. O vídeo mostrava Lacey sentada ao lado da cama, observando o filho com frieza enquanto ele gritava. Foi só quando uma enfermeira entrou no quarto que ela começou a confortá-lo. A máquina de EEG (eletroencefalografia) usada para monitorar a atividade cerebral de Garnett revelou que cada vez que Lacey levava seu filho ao banheiro seus níveis de sódio subiam drasticamente.

RJ Parker // JJ Slate

Os investigadores acreditam que Lacey sofre da síndrome de Münchhausen "por procuração" (do inglês *by proxy*), um distúrbio psiquiátrico em que um dos pais, normalmente a mãe, provoca intencionalmente uma doença em seus filhos apenas para chamar atenção ou apelar à compaixão alheia. Este pode ser um dos primeiros casos de homicídio envolvendo a síndrome na era da mídia social. Acredita-se que Lacey tenha ficado tão dependente da atenção que recebia dos outros, especialmente daqueles que faziam parte de sua comunidade virtual, que a necessidade de conservar essa atenção levou-a a administrar uma dose letal de sódio ao seu filho.

Especialistas dizem que a maioria dos casos de Münchhausen raramente termina em morte, pois uma vez que a criança morre toda a atenção e consideração alheia acabam com o tempo. Entretanto, quando ocorre a morte, ela é normalmente resultado de um erro de cálculo ou acidente. Muitos acreditam que este não será o primeiro caso de Münchhausen "por procuração" envolvendo a internet. Os sites de mídia social tornam-se uma espécie de arena pública, onde aqueles em busca de atenção podem cativar uma ampla audiência solidária às suas dores. Se o que esses indivíduos querem é atenção, decerto encontrarão vastas quantidades de diligentes simpatizantes através das avenidas virtuais.

Em junho de 2014, um grande júri indiciou Lacey Spears e ela se entregou pacificamente à polícia. Ela foi acusada de homicídio por negligência grosseira e homicídio culposo com agravantes pela morte de Garnett. No direito estadunidense, a primeira acusação dá mais ênfase à imprudência extrema do que ao ato intencional de matar. Se condenada, ela cumprirá uma pena que pode ir de 25 anos de reclusão à prisão perpétua. No entanto, poderá não ser fácil para os promotores apontar uma causa provável. No início de setembro de 2014, o advogado de defesa de Lacey, David Sachs, indicou que esperava excluir do julgamento grande parte das provas fundamentais que a polícia descobriu durante a investigação, incluindo o tubo de alimentação e a bolsa contendo níveis letais de sal, o ostensivo histórico médico da vítima, bem como as dezenas de milhares de publicações no blogue e no Facebook detalhando a curta vida de Garnett. Ele também está tentando proibir os promotores de mencionar a síndrome de Münchhausen "por procuração" durante o julgamento. O juiz que preside o caso deverá tomar uma decisão sobre essas propostas em algum ponto de outubro de 2014. Não está claro quando o julgamento de Lacey Spears começará.[1]

---

1   No dia 2 de março de 2015, Lacey Spears foi condenada a vinte anos de prisão. [NE]

KYLE DUBE

Add as friend

UM SUJEITO
AGRADÁVEL
E CENTRADO

RJ Parker // JJ Slate

SOCIAL KILLERS .COM

Kyle Dube (pronuncia-se dú-bi) cresceu em Orono, Maine, e concluiu o ensino médio na Orono High School em 2011. Trabalhou na empresa Getchell Agency, uma pequena prestadora de serviços de saúde para indivíduos deficientes. Morava com os pais e tinha uma filha de 4 anos que segundo os amigos ele vivia paparicando. A maior parte das pessoas que o conheciam dizia que ele era um sujeito agradável e centrado. Entretanto, poucos sabiam que Kyle teve problemas com a polícia quando adolescente. Em 2012, foi perseguido por policiais enquanto dirigia uma moto a 130 km/h. Ao diminuir a velocidade, a moto se chocou contra uma viatura policial. Ele também esteve preso por arrombar e furtar um veículo e por portar uma arma de fogo carregada.

Aos 20 anos, embora tivesse uma namorada, Kyle era obcecado por uma garota mais nova de uma cidadezinha local. Nichole Cable, como ela se chamava, era uma linda menina ruiva de 15 anos que morava em

Glenburn, Maine, a apenas dezoito quilômetros de distância de Orono. Nichole adorava ouvir música e dançar. Era extremamente apegada aos seus familiares, que a chamavam carinhosamente de "CoCo". Para a infelicidade de Kyle, Nichole tinha um namorado e embora os dois tivessem passado algum tempo juntos na primavera de 2013 ela não havia demonstrado nenhum interesse amoroso por ele.

Na tentativa de se aproximar de Nichole, Kyle criou uma conta falsa no Facebook usando o nome de um garoto que ele conhecia casualmente de uma escola próxima, Bryan Butterfield. Depois de montar um perfil falso com fotos de Bryan, Kyle adicionou Nichole como amiga no site e os dois começaram a conversar.

Em 11 de maio de 2013, Nichole contou ao namorado em uma mensagem de texto que Kyle a tocara de maneira indecente e tentara beijá-la. Ela afirmou que o empurrara para longe, mas não antes que ele deixasse uma marca de mordida em sua pele. Apesar disso, Nichole continuou a trocar mensagens com Kyle no dia seguinte. Ela também continuava falando com ele através de seu perfil falso, no qual ele se fazia passar por Bryan Butterfield. "Bryan" tinha tentado diversas vezes, em vão, fazer com que Nichole saísse com ele, mas a garota só concordou quando ele prometeu lhe dar, de graça, um pacote de maconha. Ela mandou uma mensagem para Kyle dizendo que ia se encontrar com um cara chamado Bryan para pegar "um pacote grátis de erva" e perguntando se devia ter medo de ir. Kyle encorajou-a e recomendou que ligasse para ele caso precisasse de alguma coisa.

Naquele 12 de maio, Dia das Mães, Nichole disse à mãe que ia se encontrar com um amigo no final da rua. Ela não sabia que Bryan Butterfield era na verdade Kyle Dube, usando uma touca ninja e segurando um rolo de fita adesiva. Ele tinha uma ideia sinistra em mente. Depois de prendê-la com fita adesiva e raptá-la, pretendia aparecer fortuitamente como ele mesmo, já sem a máscara, para então resgatá-la de forma heroica. Kyle pensou que com esse plano com certeza conseguiria conquistá-la. Afinal, o que poderia dar errado? Aos olhos dela, ele seria um herói e os dois poderiam finalmente ficar juntos.

Mais tarde, a polícia encontrou indícios de uma luta violenta na floresta. Ao que parecia, Nichole tinha tentado fugir, mas Kyle a perseguiu e dominou. Nichole lutou de forma tão feroz com o agressor que seus tênis saíram de seus pés. Kyle amarrou Nichole com fita adesiva e a colocou na caçamba da caminhonete do pai. De acordo com o relato de Kyle, quando ele voltou, horas depois, para tirar a garota da caminhonete, percebeu que estava morta. Ele teria então entrado em pânico e escondeu o corpo na floresta, atrás de um arbusto qualquer.

No dia seguinte, sem ter notícias da filha, a mãe de Nichole comunicou seu desaparecimento à polícia. Ela temia que algum estranho na internet tivesse persuadido a filha a se afastar de casa. Uma enorme equipe de buscas foi organizada e centenas de pessoas passaram dias vasculhando as redondezas em busca de Nichole. Seus pais organizaram uma entrevista coletiva à imprensa e imploraram ao sequestrador que a devolvesse com vida. Enquanto isso, Kyle Dube escrevia sobre o desaparecimento de Nichole em seu mural do Facebook: "Por favor ajude essas [sic] família a encontrar seu ente querido. Nicole [sic] onde quer que você esteja, torço para que esteja bem". No dia seguinte, postou uma foto de Nichole com os dizeres: "Ajudem a encontrar Nichole Cable".

Ao acessar a conta de Nichole no Facebook, os policiais fixaram a atenção nas conversas dela com um tal de "Bryan Butterfield". Quando entrevistaram o verdadeiro Bryan Butterfield, aluno da Bangor High School, ele afirmou que alguém havia criado um perfil falso e usado fotos suas. Disse à polícia que suspeitava que o impostor fosse Kyle Dube e explicou que Kyle queria ficar com Nichole, mas ela não estava interessada. Diante disso, a polícia rastreou o endereço IP do computador a partir do qual o perfil falso fora criado e chegaram até a casa dos pais de Kyle Dube em Orono.

Ao falarem com Kyle, os policiais notaram marcas recentes de arranhão em seu rosto. O garoto disse que se arranhara em seu local de trabalho, onde cuidava de pessoas com deficiência. Kyle negou que houvesse tido qualquer tipo de contato com Nichole no dia em que ela desapareceu, mas a namorada dele, Sarah Mersinger, e seu irmão, Dustin Dube, disseram à polícia que Kyle lhes confessara ter acidentalmente matado a garota em uma tentativa fracassada de sequestro. Foi Dustin quem indicou aos policiais onde procurar o corpo de Nichole. Uma semana depois, em 20 de maio, ela foi encontrada sob uma pilha de gravetos em um matagal a poucos quilômetros de sua casa. Quem descobriu o corpo foi um guarda florestal que patrulhava a região, acompanhado de seu cão. O legista concluiu que Nichole tinha morrido de "asfixia provocada por compressão do pescoço".

Em junho de 2013, Kyle Dube foi acusado de sequestrar e assassinar Nichole Cable. Atualmente, encontra-se detido sem direito à fiança enquanto aguarda julgamento.[1]

Como reflexo do papel desempenhado pelas mídias sociais no assassinato chocante de Nichole, movidos pela paranoia, muitos de seus amigos decidiram desativar suas próprias contas no Facebook. Vários deles também tinham sido contatados pelo falso "Bryan Butterfield" e tomaram o cuidado de repassar suas listas de amigos para se certificar de que conheciam todos os seus contatos pessoalmente. A mãe de Nichole, Kristin Wiley, assumiu como missão de vida ensinar estudantes a navegar com segurança na internet. Desde a morte da filha, Kristin tem ministrado seminários sobre o tema a pais e adolescentes na esperança de salvar outras vidas. Ela e o marido, Jason Wiley, também apareceram no programa

---

[1] Kyle Dube foi considerado culpado por sequestro seguido de morte, mas sua sentença ainda não havia sido proferida até o fechamento desta edição. Ele pode pegar até 25 anos pelo sequestro e mais de trinta pela morte. Ainda não se sabe se ele cumprirá ambas as penas ao mesmo tempo ou em sequência. [NE]

RJ Parker // JJ Slate

de TV "Dr. Phil",[2] poucos meses depois da morte de Nichole. O episódio em questão foi dedicado a alertar os adolescentes sobre os perigos de se comunicar com desconhecidos pela internet. "Minha esperança é conscientizar os pais, dar algumas dicas de segurança e mostrar que isso pode acontecer com qualquer um", declarou Kristin à mídia. "Pode ser seu filho. É preciso tomar precauções e estar sempre alerta."

2   Programa de televisão bastante popular nos EUA e que leva o nome de seu apresentador, dr. Phil McGraw, especialista em psicologia e comportamento humano. [NT]

MARK ANDREW TWITCHELL

27

Add as friend

OBCECADO
POR STAR WARS,
ARMAS E
FÃ DE DEXTER
–
–

RJ Parker // JJ Slate
SOCIAL KILLERS .COM

Graças à explosão mundial da internet, satisfazer fantasias pervertidas ficou muito mais fácil. Além disso, a disseminação de filmes e séries de TV que exaltam práticas homicidas, embora possa parecer inofensiva para alguns, para outros tem o potencial de desencadear uma obsessão. Mas a maioria das pessoas que assistem a esses tipos de programas não fantasia de fato sobre matar outras pessoas, certo?

Mark Andrew Twitchell nasceu em 4 de julho de 1979 em Alberta, capital da província canadense de Edmonton. Aspirante a cineasta, trabalhava em vários projetos, incluindo uma versão de *Star Wars* feita por fãs, chamada *Secrets of the Rebellion* ("Segredos da rebelião") e também um filme de mistério e suspense intitulado *House of Cards* ("Castelo de cartas"). Em outubro de 2005, Mark fundou uma empresa dedicada à promoção de filmes, a Xpress Entertainment. Posteriormente, a empresa mudou de foco e passou a produzir filmes. Embora já fosse pai e estivesse casado, Mark também tinha uma namorada.

Em setembro de 2008, Mark criou um curta-metragem de terror. Ele alugou uma garagem ao sul de Edmonton, onde planejava rodar o filme.

Enquanto isso, John Altinger, 38 anos, trabalhava para um fabricante de equipamentos para exploração de campos petrolíferos. John aventurava-se pelo mundo dos relacionamentos virtuais quando conheceu uma mulher no site Plenty of Fish ["Peixe de Sobra", em tradução livre]. Em 10 de outubro de 2008, John disse aos amigos que ia se encontrar com uma mulher em uma garagem alugada. John esperava um encontro romântico, mas em vez disso foi recebido por Mark, que o golpeou na cabeça com um cano e depois o apunhalou até a morte usando uma faca de caça. Mais tarde, desmembrou o corpo e livrou-se das partes que sobraram nos esgotos da cidade.

Os amigos de John ficaram preocupados. Eles tinham recebido mensagens estranhas de John dizendo que ia viajar para a Costa Rica com a mesma mulher com quem teve um encontro naquele dia. Resolveram então se dividir em grupos e fazer uma busca no apartamento de John, onde encontraram seu passaporte e perceberam que ele não tinha separado nenhum de seus pertences nem tomado qualquer providência prática para viajar. Alarmados, comunicaram seu desaparecimento ao departamento de polícia de Edmonton, que rapidamente deu início a uma investigação de homicídio.

Em 31 de outubro de 2008, Mark foi preso pelo assassinato de John Altinger e indiciado por homicídio qualificado. De acordo com Mark, ele fingiu ser uma mulher na internet como parte de uma pegadinha para promover seu próximo filme. Ele planejava abordar homens em sites de relacionamento e incitá-los a entrar na garagem. Porém, quando John descobriu que era uma brincadeira, teria ficado furioso e atacado Mark, que alegou tê-lo matado em legítima defesa. Depois de sua morte, Mark desmembrou-o para ocultar seu crime. No entanto, a polícia descobriu provas que apontam em outra direção.

Mark era obcecado por *Star Wars*, por armas e era fã da série de televisão *Dexter*. O personagem principal da série, Dexter Morgan, trabalhava para o departamento de polícia de Miami como analista de padrões de dispersão de sangue durante o dia e matava assassinos comprovados durante a noite. Acredita-se que Mark estivesse tentando encarnar esse personagem na vida real.

No laptop de Mark, a polícia encontrou um documento com o nome "SKConfessions". Na verdade, o arquivo tinha sido apagado, mas eles conseguiram recuperá-lo. No nome do documento, "SK" queria dizer serial killer, e *confessions*, confissões. Esse documento foi apresentado como prova central durante o julgamento de Mark. O trecho de abertura do documento dizia: "Esta história é baseada em fatos reais. Os nomes e os eventos foram levemente alterados para proteger o culpado. Esta é a história de como me tornei um serial killer". O autor descrevia como planejava cometer um assassinato, depois como sua primeira tentativa falhara e, por fim, como a segunda foi bem-sucedida. Por meio da internet, o autor fingiu ser uma mulher e incitou um homem a encontrá-lo em uma garagem alugada e então o matou, desmembrou seu corpo e, por último, deu cabo de seus restos mortais. Durante o julgamento, Mark confessou o assassinato mas manteve a alegação de legítima defesa. Ele também afirmou que o documento era uma ficcionalização com o objetivo de dramatizar a obra e torná-la mais atraente.

Mark tinha de fato tentado matar outro homem antes de John. Esse homem, Gilles Tetreault, conseguiu escapar. Tudo isso estava descrito no documento, que ganhou muito mais credibilidade quando os promotores conseguiram demonstrar que era baseado em fatos reais. Gilles declarou no julgamento que foi à garagem esperando encontrar uma mulher que havia conhecido no site de relacionamentos Plenty of Fish. No entanto, Gilles foi atacado por um homem mascarado empunhando um bastão de eletrochoque.

O arquivo "SKConfessions" continha outros registros perturbadores, incluindo detalhes adicionais sobre o ataque e o assassinato. Mark dizia: "Depois de vestir minhas luvas, agarrei sua mandíbula e movimentei-a enquanto fazia uma voz engraçada, para dar a impressão de que estava falando comigo; então me peguei rindo sozinho ao perceber como aquilo tudo era uma grande bobagem". Ele também fazia menção a pessoas religiosas, dizendo: "Essa gente não tem espaço na minha vida e acho o conceito de religião totalmente abominável. Tudo não passa de um grande esquema corrupto de tomada de poder projetado para tirar vantagem das pessoas mais simples e ignorantes".

Mark também expunha sua opinião sobre matar outras pessoas: "A maioria das pessoas fantasia sobre isso e fica apenas no terreno da fantasia. Elas não têm disposição ou estômago suficiente para ir até o fim com seus ímpetos sombrios. Mas eu tenho. Não vejo problema algum em eliminar pessoas negativas deste mundo que merecem uma passagem só de ida para o além, se é que isso existe". O autor achava "fascinante" abrir um corte na vítima e ver os órgãos caindo para fora do corpo. Ele também se autodiagnosticou como psicopata, o que não foi apresentado no julgamento, pois mesmo que isso fosse verdade ele não estava em posição de corroborar.

O julgamento de Mark Andrew Twitchell durou três semanas. Em 12 de abril de 2011, ele foi condenado à prisão perpétua, sem direito a pleitear liberdade condicional por pelo menos 25 anos. A promotoria ainda não decidiu se procederá à acusação de tentativa de homicídio contra Gilles Tetreault, mas mesmo com outra condenação não haveria nenhuma adição à pena de prisão perpétua já estabelecida.

Na prisão, Mark comprou uma TV para sua cela e começou a assistir aos episódios de *Dexter* que havia perdido desde que foi preso. Isso deixou muitas pessoas indignadas, já que na opinião delas era como se ele estivesse sendo autorizado a reviver e alimentar suas fantasias. Mark também quer voltar a trabalhar no filme independente de *Star Wars* a fim de editá-lo e torná-lo público. Embora outras pessoas estejam tentando ajudá-lo nisso, a polícia tem feito todo o possível para frustrar seus planos.

MIRANDA BARBOUR

Add as friend

28

INFÂNCIA
CONTURBADA,
SATANISMO E
CRIMES

RJ Parker // JJ Slate

SOCIAL KILLERS .COM

Embora tenha trazido inúmeras vantagens para o mundo, a internet ao mesmo tempo facilitou a vida de muitos indivíduos perturbados que encontraram nela o terreno propício para saciar suas fantasias doentias. Em alguns casos, eles irão ultrapassar qualquer obstáculo para tirar a vida de outras pessoas.

Miranda Kamille (Dean) Barbour nasceu em dezembro de 1994. Natural do Alasca, ela foi criada no Polo Norte com o pai, Sonny, a mãe, Elizabeth, e sua irmã mais velha, Ashley. Sua infância foi conturbada. Aos 4 anos, Miranda foi molestada pelo marido da tia, que acabaria sendo condenado a quatorze anos de prisão por abusar sexualmente de um menor.

Miranda começou a usar heroína ainda bem novinha e logo se viciou. Fugiu de casa pela primeira vez aos 12 anos. Quando voltou, disse à mãe que tinha trabalhado como prostituta e conhecido um homem chamado Forrest, de 25 anos, praticante de satanismo. Miranda explicou à mãe que esse homem tinha se tornado dono dela e feito algumas inscrições em sua coxa e na parte de trás de seu pescoço, cortando sua carne como se marcasse uma escrava.

De acordo com Miranda, sua primeira experiência com assassinato foi aos 13 anos. Àquela altura, ela já tinha aderido à seita satânica. Um dia, acompanhou o líder dessa seita até um beco onde ele encontraria um homem que lhe devia algum dinheiro. O tal líder deu um tiro no homem e depois pediu a Miranda que atirasse novamente nele. Ela não conseguiu. Então o líder colocou sua mão sobre a dela e os dois puxaram juntos o gatilho. Segundo o pai de Miranda, esse incidente pode ter realmente acontecido já que foi nessa época que Miranda fugiu de casa.

Aos 14 anos, Miranda já tinha fugido várias vezes de casa e chegara a passar algum tempo em centros de tratamento de dependentes químicos por causa do seu vício em heroína. Entretanto, em um depoimento, o pai de Miranda recordaria como ela era inteligente e boa em manipular os outros, tanto que sempre conseguia convencer os médicos a liberá-la do tratamento.

Algum tempo depois, os pais de Miranda se divorciaram. Sonny resolveu deixar a cidade e se mudou para a Flórida, ao passo que Elizabeth permaneceu no Alasca com Ashley e Miranda. Nessa época, Miranda alegou que tinha engravidado enquanto era membro de uma seita satânica. Ela disse à mãe que membros da seita haviam realizado um aborto doméstico porque não queriam que ela tivesse o bebê. No entanto, quando a mãe levou a garota a um médico, ele não detectou nenhum sinal de aborto antigo ou recente.

Em 2011, Miranda ficou mesmo grávida. Anos depois, em uma entrevista, ela alegaria que o pai da criança era Forrest, o vice-líder da seita, que teria sido morto logo depois de ela engravidar. Contudo, em outra ocasião, a mãe de Miranda afirmou que o homem conhecido como Forrest não estava morto e que ela estava tentando determinar se ele era de fato o pai do bebê. Em março de 2012, um tribunal no Alasca ordenou que Miranda ficasse sob a custódia de seu tio por parte de mãe, Arlin, que morava no estado da Carolina do Norte. Ela se mudou para a casa do tio e tentou dar um novo rumo à sua vida. Deu à luz uma menina, começou a frequentar a faculdade e arranjou um emprego em uma mercearia.

Hoje, Miranda alega ter assassinado pelo menos 22 pessoas em diferentes estados ao longo de seis anos. No entanto, ainda que o pai dela diga que o primeiro homicídio no Alasca, quando tinha apenas 13 anos, pode ter realmente acontecido, ele acredita que os outros crimes que Miranda alega ter cometido na Califórnia e no Texas não passam de mentiras, histórias inventadas. Quando morava na Califórnia e no Texas, Miranda estava sempre com o pai. Mesmo assim, ela não só insiste que matou todas essas pessoas ao longo da vida como garante que pode levar as autoridades até os locais de desova dos corpos. Miranda também sustenta que só matou pessoas ruins, uma história que lembra o enredo do seriado *Dexter*.

Embora as autoridades locais e o FBI estejam averiguando essas alegações, não há provas de que Miranda tenha realmente cometido esses crimes e também não há casos de homicídios sem solução nesses estados. Mas uma coisa é certa: Miranda cometeu pelo menos um assassinato, crime pelo qual poderia ter sido condenada à pena de morte.

Depois de se mudar para Coats, na Carolina do Norte, Miranda começou a trabalhar em uma mercearia local. Lá conheceu Aimee Vaneyll, que também estava grávida, e seu namorado Elytte Barbour, ou "Elf", um rapaz de 22 anos. Em pouco tempo, os três se tornaram amigos. Elytte era satanista, assim como Miranda. Em março de 2013, Aimee e Elytte terminaram. Alguns meses depois, em junho do mesmo ano, Miranda e Elytte começaram a namorar.

Em 22 de outubro de 2013, Miranda e Elytte se casaram. Apenas três dias depois, ambos largaram os empregos e se mudaram com amigos para a região central da Pensilvânia. Para pagar as contas,

Miranda trabalhava como "acompanhante", captando clientes por meio da Craigslist. Por cada encontro, ela ganhava entre 50 e 850 dólares. De acordo com Miranda, ela não se prostituía, apenas conversava com seus clientes.

Em 1º de novembro, Miranda publicou um anúncio na Craigslist no qual oferecia companhia a qualquer homem que "odiasse" sua esposa. Troy LaFerrara, um homem de 42 anos, respondeu ao anúncio. Eles marcaram de se encontrar no estacionamento de um shopping local no dia 11 de novembro, data em que Elytte completava seu vigésimo segundo aniversário. Miranda ficou esperando Troy no banco da frente do carro e Elytte se escondeu debaixo de um cobertor no banco de trás. O casal combinou uma senha – quando Miranda perguntasse "Você viu as estrelas hoje?" Elytte se levantaria e estrangularia Troy.

Conforme o relato de Miranda, assim que Troy entrou no carro, ela lhe contou que tinha apenas 16 anos (na verdade, tinha 19). Quando Troy disse que não se importava, Miranda soube que ele era o cara certo a matar. Ela dirigiu até uma área isolada, onde parou o carro e puxou o freio de mão. Disse duas vezes a senha que tinha combinado com Elytte, mas foi só quando deu uma batidinha em sua perna que ele saltou do banco e começou a estrangular Troy com um fio elétrico. Enquanto Troy lutava para respirar, Miranda apunhalou-o vinte vezes com uma faca. Em seguida, os dois pegaram a carteira da vítima, largaram o corpo em um beco e se deslocaram até um Walmart, onde compraram itens para limpar o carro. Para comemorar o aniversário de Elytte, o casal partiu em seguida para uma boate de striptease. Tempos depois, em depoimento à polícia, os dois disseram que havia muito planejavam matar alguém juntos, pois achavam que isso os aproximaria ainda mais e fortaleceria o relacionamento. Eles já tinham tentado matar antes, mas Troy foi a primeira pessoa a dar as caras após a publicação do anúncio. Depois do crime, Miranda e Elytte seguiram normalmente com suas vidas. Ela começou a publicar atualizações espirituosas no Facebook. Em 19 de novembro, publicou uma foto de sua nova aliança. Suas publicações eram alegres e festivas.

Nessa época, a polícia de Sunbury estava investigando o assassinato de Troy. Havia muitas pistas a seguir. Mensagens de texto no celular da vítima ajudaram a polícia a identificar Miranda como suspeita. Ela foi presa no dia 3 de dezembro de 2013. Elytte foi detido alguns dias depois, após imagens obtidas de câmeras de segurança o terem flagrado comprando material de limpeza com a mulher depois do crime. O serviço de assistência social levou imediatamente o bebê e colocou-o sob a custódia de seu avô paterno, Sonny, que disputa a guarda da criança com seu tio-avô, Arlin.

Inicialmente, a promotoria indicou que pediria pena de morte para o casal. Porém, em agosto de 2014, tanto Miranda como Elytte se declararam culpados das acusações de homicídio simples. Eles poderão receber prisão perpétua sem direito à liberdade condicional e ambos ouvirão suas sentenças em 18 de setembro de 2014.[1] Miranda ainda alega ter cometido mais de vinte assassinatos ao longo de sua vida e se oferece para mostrar ao FBI e às autoridades onde os corpos estão. Ela ressalva, porém, que os investigadores encontrarão apenas pedaços das vítimas. De acordo com ela, algumas partes foram descartadas em Mexico Beach, na Flórida, onde ela trabalhou como *go-go dancer* aos 15 anos; outras partes foram descartadas em Big Lake, Alasca; e um corpo foi descartado na Interestadual 95, perto de Raleigh, na Carolina do Norte. Contudo, nenhuma das alegações de Miranda Barbour pôde ser comprovada até agora.

---

1   No dia 18 de setembro de 2014, Miranda Barbour e seu marido, Elytte Barbour, foram condenados à prisão perpétua pela morte de Troy LaFerrara, sem direito à liberdade condicional. A polícia, de fato, não parece interessada em comprovar as alegações de Miranda de que teria assassinado outras dezenas de pessoas. [NE]

RICHARD BEASLEY

29

Add as friend

FREQUENTADOR
DA IGREJA,
ABSTÊMIO
E POETA

RJ Parker // JJ Slate

SOCIAL KILLERS .COM

Ao longo dos anos, a Craigslist têm se tornado uma ferramenta cada vez mais útil para aqueles em busca de trabalho. Mas se não tiverem cuidado, os interessados em um novo emprego podem acabar se tornando vítimas.

Richard Beasley nasceu em 1959. Foi criado em Akron, Ohio, pela mãe – que trabalhava em uma escola local – e pelo padrasto. Já adulto, foi casado uma vez e teve uma filha chamada Tonya. Ele trabalhava como mecânico, mas passava mais tempo dentro do que fora da prisão. Entre 1985 e 1990, esteve em uma prisão do Texas condenado por roubo. De 1996 a 2003, ficou detido em outra prisão por um crime envolvendo armas de fogo. Alguns anos depois de sair da prisão, Richard foi atropelado por um caminhão de lixo. Sofreu lesões no peito, na cabeça e na espinha dorsal. Depois desse acidente, largou seu trabalho regular e passou a tomar comprimidos para as dores nas costas e no pescoço. Também começou a dizer que tinha encontrado Deus e tornou-se frequentador habitual da igreja local. Richard não fumava nem bebia e dava a impressão de ser um homem bom e amável, de temperamento calmo.

Nessa época, a família Rafferty morava no mesmo bairro de Richard. Michael, o pai, conhecia Richard de um circuito local de motociclismo. Richard tornou-se amigo íntimo da família, tanto que tomava conta do filho de Michael, Brogan, um menino de 8 anos, que costumava acompanhá-lo à igreja. Durante oito anos, Richard levou Brogan à igreja todos os domingos, às vezes levando junto sua filha Tonya e a meia-irmã de Brogan, Rayna. A vida de Brogan não era fácil. A mãe do menino era viciada em drogas e ficava ausente a maior parte do tempo. O pai, Michael, estava sempre trabalhando, mas quando parava em casa perdia a cabeça por qualquer coisa e era severo demais com os filhos. Por isso, era natural que Richard representasse uma figura paterna para o menino.

Em 2009, Richard fundou uma casa de reabilitação. Pretendia amparar jovens fugidos de casa, viciados e prostitutas. Muitas vezes, tirava esses indivíduos das ruas durante a noite e permitia que se abrigassem em sua casa. Uma mulher chamada Amy Saller morou nessa casa de maneira intermitente entre 2009 e 2011. Em um depoimento, ela lembra que Richard tinha um lado sombrio. Se, por um lado, alegava que queria ajudar a tirar as garotas das ruas e colocar suas vidas de volta nos eixos, quando elas estavam na casa Richard agia como um cafetão, divulgando seus serviços na internet. Além disso, fazia de tudo para mantê-las na casa, o que incluía provê-las de drogas. Embora Richard nunca tivesse sido violento, Amy tinha medo dele.

Em fevereiro de 2011, Richard foi preso por posse de drogas. Enquanto estava na cadeia, as autoridades começaram a reunir provas para acusá-lo de lenocínio (ação de explorar, estimular ou favorecer a prostituição de outrem). Em julho, Richard foi solto sob fiança, mas quando não se apresentou ao agente de condicional na data estipulada, um mandado de prisão foi expedido e a polícia começou a procurá-lo. Richard não viu outra saída: precisava obter uma nova identidade e desaparecer sem deixar vestígios. Tinha um plano, mas precisaria da ajuda de Brogan.

Em um refúgio para desabrigados, procurou alguém que fosse parecido com ele e logo encontrou o indivíduo certo: um homem de 56 anos chamado Ralph Geiger. Para enganá-lo, Richard lhe ofereceu uma grande oportunidade para trabalhar como zelador em uma fazenda. Ralph estava buscando trabalho e já tinha vivido em uma fazenda quando criança, então não pensou duas vezes e agarrou a oportunidade. Não se sabe se Brogan tinha ciência de que Richard pretendia matar Ralph. Em 9 de agosto, Richard e Brogan levaram Ralph de carro até uma área isolada de floresta, onde Richard atirou na nuca do homem com uma pistola.

Brogan não contou a ninguém sobre o assassinato, entretanto, em 16 de agosto de 2011, descreveu o crime na forma de um poema que foi encontrado no disco rígido de seu computador. O poema se intitulava "Midnight Shift" ("Expediente da Madrugada") e dizia:

Nós o levamos para a floresta em uma úmida noite de verão.
Eu caminhava à frente deles.
Eles voltavam para o carro.
Não me virei.
O estampido ecoou no ar e eu não ouvi o baque.
Fomos os dois até o carro para buscar as pás.
Ele ainda estava lá quando voltamos.
Então jogou as roupas em um saco de lixo junto com
[artigos pessoais.
Cavei o buraco.
Chegava à altura da minha cintura, quatro pés de largura talvez.
Lutamos para colocá-lo ali dentro, eles ficam mesmo
                      [duros feito pedra.

Derramamos limão sobre ele como um batismo satânico.
Era como se o excomungássemos do mundo.
Pensei que sobraria terra, ele não era um homem pequeno.
Mas não sobrou. Não entendo como.
Pegamos o carro fomos embora apagando os vestígios
                              [pelo caminho.
Eu me sentia péssimo e vomitei no banheiro do posto de
gasolina onde deveria descartar as balas e as cápsulas.
Deixei toda a culpa para trás enquanto jantava,
mas não por muito tempo.
Quando cheguei em casa, tomei um banho mais quente
                              [que o inferno.
Rezei feito um louco naquela noite.

Alguma coisa mudou dentro de Brogan naquela noite. Ele não era mais um adolescente comum. Começou a abusar da bebida e a desejar a própria morte; pensou até em bater o carro para acabar logo com tudo. Apesar de sua angústia, Brogan não contou a ninguém sobre o assassinato. Trancou-se no quarto e esperou Richard entrar em contato. Richard, por sua vez, estava assumindo a vida de Ralph Geiger. Pintou o cabelo, alugou um quarto e arranjou emprego como agente de inspeção de qualidade. No entanto, suas costas ainda doíam e ele continuava tomando analgésicos prescritos, de modo que o trabalho não durou muito. Richard tinha medo de ser pego e, além do mais, precisava de dinheiro. Foi quando teve outra ideia para gerar renda.

Richard deve ter se sentido invencível quando o tempo passou e ninguém suspeitou que ele tivesse cometido um assassinato, já que resolveu continuar a matar e a roubar os pertences de suas vítimas. No entanto, ele precisava encontrar vítimas em potencial fora dos abrigos, pois isso aumentava as chances de que tivessem algo de valor a ser roubado. Para encobrir o súbito afluxo de dinheiro que esperava receber, Richard decidiu fingir que participava de leilões para arrematar depósitos abandonados com objetos de valor, nos moldes do *reality show* americano *Storage Wars* (*Quem dá mais?*, no Brasil). Seu próximo passo foi publicar um anúncio na Craigslist com o qual pretendia enganar homens brancos de meia-idade. O anúncio dizia:

> *Procura-se caseiro para fazenda. O trabalho é simples*
> *e consiste em vigiar um lote de 688 hectares de terreno*
> *acidentado e alimentar um pequeno rebanho de vacas.*
> *Paga-se 300 dólares por semana com direito a um belo trailer*
> *de dois quartos. Damos preferência a pessoas solteiras e de*
> *mais idade, mas avaliaremos todos os casos. É imprescindível*
> *ter disponibilidade imediata para se mudar. Esta é uma*
> *oportunidade de emprego fixo. Para se candidatar, é preciso*
> *ter a ficha limpa e ser uma pessoa de confiança. A fazenda*
> *é usada principalmente como reserva de caça, está tomada*
> *por animais silvestres e possui um viveiro de peixes de*
> *3 hectares, mas alguns animais de corte serão mantidos*
> *no local. O vizinho mais próximo fica a 1,5 km. É um lugar*
> *isolado e muito bonito, será um refúgio perfeito para a pessoa*
> *certa. Emprego vitalício – caso você tenha disponibilidade*
> *para se mudar, por favor, entre em contato o mais rápido*
> *possível, a vaga não ficará aberta por muito tempo.*

Centenas de candidatos responderam ao anúncio de Richard (que se identificava como "Jack") mostrando-se interessados na vaga. No entanto, "Jack" tinha certos critérios: precisava de alguém solteiro ou divorciado, cuja ausência não fosse notada, não muito corpulento, que possuísse alguns objetos de valor e estivesse disposto a se mudar sem hesitação. O primeiro candidato a satisfazer esses critérios foi David Pauley, um homem divorciado de 51 anos que vivia com o irmão mais velho e a cunhada em Norfolk, Virginia. David casara-se com sua namorada de escola e adotou o filho dela, Wade, mas os dois se divorciaram em 2009. Antes disso, ainda em 2003, David tinha largado seu emprego na Randolph-Bundy – uma antiga distribuidora de produtos em madeira, como portas e janelas – e desde então ficou pulando de um trabalho para o outro, sem nunca encontrar algo estável. Quando viu o anúncio, em outubro de 2011, ficou bastante empolgado.

O trabalho era em Ohio, para onde seu melhor amigo, Chris Maul, tinha se mudado anos antes. David e Chris falavam-se todos os dias usando aparelhos de rádio da Nextel. Depois de trocar alguns e-mails com "Jack", David foi informado que estava entre os três candidatos finalistas. Pouco depois, recebeu uma ligação de Jack dizendo que a vaga era sua. David ficou eufórico. Ligou primeiro para seu amigo, Chris, e em seguida para sua irmã gêmea, Deb, que morava no Maine. Os dois ficaram muito felizes por ele. Ninguém podia imaginar o terrível destino que o aguardava. Foi no dia 22 de outubro que David entrou em contato pela última vez com Chris e Deb antes de se encontrar com seu futuro empregador. Depois de vários dias sem receber notícias de David, os dois ficaram preocupados e decidiram ligar para "Jack", que lhes disse que estava tudo bem e que David tinha acabado de sair com uma lista de tarefas. Ainda sem receber nenhuma ligação de David, Chris voltou a ligar para "Jack"; desta vez, o homem lhe disse que David tinha largado a fazenda para ir atrás de outro trabalho com um cara na Pensilvânia. Chris e Deb acharam isso estranho – não acreditavam que David tivesse ido embora sem falar com eles antes. O que não sabiam é que "Jack" já tinha assassinado David e vendido todos os seus pertences, notícia que logo representaria um forte baque para a família da vítima.

Depois de matar David, Richard já se preparava para fazer outra vítima. Em 9 de outubro, Scott Davis, 48 anos, respondeu ao anúncio postado por Richard sob o nome falso de "Jack". Um mês depois, após ter sido escolhido para preencher a vaga, Scott estava sentado no banco traseiro de um Buick LeSabre, com Brogan ao volante e seu tio "Jack" no banco do carona, a caminho da fazenda. Scott tinha deixado a namorada na Carolina do Sul depois de lhe contar sobre o novo emprego. Antes de partir, recolheu seus pertences e engatou sua Harley-Davidson à traseira de seu caminhão-trailer. Conforme avançavam pela estrada que os levaria à fazenda, Scott viu o sinal do celular ficar cada vez mais fraco, até desaparecer por completo. Então, Jack pediu ao sobrinho para parar o carro em um ponto onde tinham ido caçar veados recentemente, alegando ter esquecido alguns equipamentos no local. Nesse mesmo dia, mais cedo, Jack explicara a Scott que precisariam fazer alguns reparos na estrada antes que ele pudesse levar seu caminhão-trailer para a fazenda. Jack e Brogan seguiram na frente, com Scott logo atrás. Passados alguns minutos, Jack disse que tinha errado o caminho e pediu a Scott que retornasse. No instante em que se virou, Scott ouviu um estalo seco, seguido da palavra "merda". Ao olhar para trás, viu que Jack tinha uma arma apontada em sua direção. Jack disparou, mas atingiu-o no cotovelo direito. Scott girou o corpo e tentou fugir, correndo para dentro da floresta. Outros tiros se seguiram, mas não atingiram o alvo. Scott estava perdendo sangue. Depois de esperar algumas horas até o perigo passar, voltou caminhando pela estrada em busca de socorro. Conseguiu chegar à casa de um homem chamado Jeff Schockling e pediu-lhe que ligasse para o 911. O xerife, Stephen Hannum, chegou ao local cerca de quinze minutos depois. Sua impressão inicial era a de que Scott tinha se desentendido com algum traficante de drogas. Ele contou ao xerife que deixara seu caminhão-trailer no estacionamento do supermercado Food Center Emporium, onde "Jack" tinha sugerido que ele estacionasse o veículo até que a estrada estivesse liberada. Quando o xerife encontrou o caminhão-trailer no local indicado, começou a perceber que Scott era na verdade uma vítima.

Enquanto isso, Deb, a irmã gêmea de David, tentava encontrar uma explicação para o sumiço do irmão. Ligou para diversos hotéis de beira de estrada e lugares para alugar onde David poderia ter se hospedado, mas foi tudo em vão. No dia 11 de novembro, Deb lembrou que David tinha mencionado que a fazenda ficava em uma cidade chamada Cambridge. Ao pesquisar o nome na internet, encontrou uma matéria de um jornal local, *The Daily Jeffersonian,* datado de 8 de novembro. A matéria era sobre um homem que tinha sido atraído até uma fazenda por uma promessa de emprego e acabou sendo baleado. Deb reparou em um detalhe específico na matéria: a fazenda era supostamente constituída de 688 hectares. Deb ligou para o xerife na mesma hora. O xerife tinha relutado inicialmente em acreditar na história de Scott, mas quando recebeu o telefonema de Deb fez um esforço extra para desvendar a verdade por trás daquele mistério. Um especialista em crimes cibernéticos do FBI foi chamado para ajudar a rastrear o anúncio da Craigslist. Além disso, uma equipe de policiais com cães farejadores foi enviada ao trecho de floresta onde Scott foi baleado. Só precisaram de algumas horas para encontrar o corpo de David. A essa altura, a polícia sabia que estava diante de um serial killer, sobretudo depois de encontrarem uma cova vazia destinada a Scott.

Richard não interrompeu suas matanças depois da fuga de Scott; em meados de novembro, já tinha encontrado uma nova vítima: Timothy Kern, um homem divorciado de 47 anos, pai de dois filhos adolescentes, Zachary e Nicholas. A vida de Timothy girava em torno dos filhos; não se passava um dia sem que falasse com eles. Quando conheceu Richard, Timothy tinha acabado de perder o emprego de gari, e se por um lado estava entusiasmado com a oferta de Richard, por outro estava triste diante da perspectiva de morar a duas horas de distância dos filhos.

Ao se encontrar com Richard e Brogan, Timothy não levou consigo nada de valor; em vez disso, deu todos os seus bens para os filhos.

Mais tarde, Brogan diria ter sentido pena daquele homem que tanto amava os filhos e que se sentiu mal por ajudar Richard a matá-lo sem nenhum motivo. Timothy descreveu a si mesmo como um homem solteiro (ele tinha se divorciado da mulher em 1997) e garantiu que estava pronto para se mudar a qualquer momento, mas não mencionou os filhos. Em lugar de começar no novo emprego, Timothy foi levado a uma área abandonada, nos fundos de um shopping vazio. Sua cova já tinha sido escavada. Richard matou-o com cinco tiros. Os filhos de Timothy ficaram arrasados quando receberam a notícia de que o pai fora assassinado.

Menos de uma semana depois de encontrarem o corpo de David, os investigadores determinaram a identidade do assassino: Richard Beasley, um morador local. Também conseguiram rastrear o endereço IP do computador que o criminoso usou para publicar o anúncio e em seguida chegaram à casa de Joe Bais, proprietário do quarto que Richard alugara utilizando o nome de sua primeira vítima, Ralph Geiger. Joe ajudou os investigadores a rastrear uma ligação que ele próprio fez para Richard, que tinha saído de lá e alugado um quarto numa outra casa em Akron. Por fim, os investigadores conseguiram também identificar o adolescente que ajudava Richard a cometer os crimes. Prenderam Brogan depois de revistar sua casa e entrevistar o diretor da escola onde ele estudava. Richard foi preso logo depois disso.

Durante o julgamento em 2013, a mãe de Richard foi chamada ao banco das testemunhas. Disse que o filho tinha sofrido maus-tratos por parte do padrasto e que também tinha sido abusado sexualmente por garotos do bairro onde moravam. Um psicólogo atestou que Richard sofria de depressão e baixa autoestima, possivelmente em decorrência dos abusos que sofrera quando criança. Como Brogan tinha 16 anos na época dos crimes, não era possível sentenciá-lo à pena de morte; em vez disso, foi condenado à prisão perpétua. Durante o julgamento de Richard, a defesa tentou trazer à baila o caso de Brogan e a sentença de prisão perpétua de modo que os jurados considerassem isso na condenação, mas os promotores frisaram que a pena de morte para Brogan estava fora de cogitação. No final, o corpo de jurados considerou Richard culpado e recomendou a pena de morte. O juiz que conduzia o caso poderia ter sentenciado Richard à prisão perpétua, mas, em vez disso, ditou a pena de morte. Richard abriu mão da oportunidade de falar com o juiz antes de receber a sentença, que foi lida na presença de familiares da vítima.

Depois de ouvir a sentença, Richard pediu para falar com o juiz, mas foi informado que já tinha perdido a oportunidade de fazê-lo. Ele insistiu que não tinha matado ninguém e que a decisão seria revogada. Richard acredita que sua condenação será anulada e que será inocentado em um novo julgamento.[1]

Especula-se que havia um relacionamento sexual entre Richard e Brogan, o que poderia explicar por que o garoto se manteve leal a Richard até o fim. Brogan negou tais rumores e declarou que respeitava Richard como a um pai, mas ao mesmo tempo tinha medo de que ele pudesse prejudicar sua família se contasse a alguém sobre os assassinatos.

---

1 Richard Beasley foi condenado à morte.
   Brogan Rafferty, seu cúmplice, cumprirá prisão perpétua. [NE]

RICHARD ALDEN SAMUEL MCCROSKEY III

30 Add as friend

O
"CÃOZINHO
DO DEMÔNIO"
–
–

RJ Parker // JJ Slate

SOCIAL KILLERS .COM

Em 2009, Richard Samuel McCroskey III, 22 anos, ou "Sammy", tinha aspirações um tanto curiosas para sua carreira artística. No palco, atendia pelos nomes artísticos de "Lil Demon Dog" ("Cãozinho do Demônio", em tradução livre) e "Syko Sam" (*syko* é uma corruptela de *psychopath*, psicopata). Seu sonho era estourar nas paradas como um grande rapper de horrorcore, um tipo de gangsta rap com letras recheadas de violência, sangue e temas sobrenaturais. McCroskey morava na Califórnia e, segundo relatos, era um jovem solitário. Com seus cabelos vermelhos e porte físico ligeiramente avantajado, ele sempre foi alvo de chacota na escola. Como resultado, passou a maior parte da adolescência sozinho diante do computador. Foi ali que descobriu sua paixão pelas letras de horrorcore e deu início a sua própria carreira amadora como rapper. Seu perfil do MySpace estava repleto de vídeos e letras de sua autoria, que muitas vezes detalhavam o quanto ele gostava de matar. Em uma de suas músicas, ele canta assim: "You're not the first, just to let you know. I've killed many people and I kill them real slow. It's the best kind of feeling, watching their last breath. Stabbing and stabbing till there's nothing left". ("Saiba que você não é a primeira. Já matei muitas pessoas e gosto de matá-las bem devagar. É a melhor sensação do mundo, observá-las enquanto dão o último suspiro. Desferir facadas na carne até não sobrar mais nada.")

Uma das pessoas que McCroskey conheceu na rede foi Emma Niederbrok, uma garota de 16 anos de Farmville, Virgínia, que se identificava na internet como "Ragdoll" ("Boneca de trapos"). Os pais de Emma estavam se separando quando ela conheceu "Syko Sam" em uma comunidade virtual dedicada à música horrorcore. Embora Emma e McCroskey morassem em lados opostos do país e nunca tivessem se visto pessoalmente, houve uma conexão instantânea entre eles e os dois se tornaram inseparáveis. Todos os dias, passavam horas conversando pela internet e se falando ao telefone, remoendo as angústias da vida adolescente e manifestando o amor comum por aquela música carregada de violência e sangue.

Depois de namorarem pela internet por quase um ano, em um domingo, 6 de setembro de 2009, McCroskey pegou um avião da Califórnia para Virgínia para enfim conhecer Emma pessoalmente. Os dois aguardavam ansiosos havia semanas por essa viagem. Planejavam ir de carro a Michigan para assistir ao festival "Strictly for the Wicked" ("Só para os perversos", em tradução livre), um festival de música onde se apresentariam bandas de horrorcore com nomes macabros como "Dismembered Fetus" ("Feto desmembrado") e "Phrozen Body Boy" ("Menino do corpo congelado"). O casal, junto com a amiga de Emma, Melanie Wells, e os pais de Emma, Debra Kelley (professora universitária de sociologia e justiça criminal) e Mark Niederbrok (pastor de uma igreja presbiteriana local)

– então divorciados havia quase nove meses –, foram todos juntos ao show. Embora os pais de Emma não aprovassem o tipo de música que a filha adolescente andava escutando, eles julgavam que aquilo era só uma fase e tinham se oferecido para levar o grupo ao evento porque assim podiam ficar de olho neles.

Acredita-se que, em algum momento durante o show, McCroskey e Emma tiveram uma discussão por causa de mensagens de texto que ela teria enviado a outro amigo. Suspeita-se que McCroskey tenha se remoído de ódio com essa briga durante a longa viagem de volta para Virgínia. Depois de chegarem à casa de Debra Kelley, Mark Niederbrok voltou para sua própria casa, enquanto Melanie e McCroskey ficaram para passar a noite com Emma. Debra era, portanto, o único adulto em casa. Naquela noite, McCroskey bebeu álcool, fumou maconha e tomou analgésicos, ao mesmo tempo que ia ficando cada vez mais angustiado com o rumo que as coisas tinham tomado. A polícia acredita que, depois de passar um ano falando com Emma pela internet, McCroskey tinha imaginado que, quando finalmente se encontrassem, as coisas seriam bem diferentes.

A sequência de eventos que se sucederam à chegada do festival é um tanto incerta. O que se sabe é que as garotas entraram pela última vez em suas respectivas contas do MySpace na segunda-feira, 14 de setembro. No dia seguinte, McCroskey ligou para sua família na Califórnia e deixou uma mensagem que terminava com "eu amo vocês", algo extremamente incomum de sua parte. Na verdade, esse comentário levou a irmã a suspeitar que algo estava muito errado.

Dois dias depois, a mãe de Melanie ligou para a polícia queixando-se de que não conseguia falar com a filha havia vários dias. A polícia fez uma visita de cortesia à residência de Debra Kelley para verificar se Melanie estava bem. Quem atendeu a porta foi McCroskey, que com toda calma disse à polícia que Melanie e Emma estavam no cinema. Como não notaram nada de anormal, os policiais acreditaram na palavra do garoto. No mesmo dia, o pai de Emma, Mark, passou na casa da ex-mulher antes de partir para uma reunião em Richmond e nunca mais foi visto com vida.

Mais tarde, McCroskey roubou o carro de Mark e deixou a residência. Por volta das 4h de sexta-feira, 18 de setembro, ele bateu o carro. A polícia chegou ao local e o multou por dirigir sem habilitação. Como o carro não tinha sido dado como roubado, os agentes simplesmente aplicaram a multa e foram embora. Um reboque foi chamado para retirar o veículo. De acordo com o motorista do reboque, que levou McCroskey até uma loja de conveniência a cerca de sete quilômetros do local do acidente, as roupas do garoto exalavam um cheiro tão pestilento que ele sentira ânsia de vomitar.

Cerca de doze horas depois, a mãe de Melanie ligou novamente para a polícia e pediu que passassem outra vez pela casa para se certificarem de que estava tudo bem. Desta vez, ao se aproximarem da residência, os policiais notaram que havia algo errado; já da entrada da garagem era possível sentir o cheiro dos corpos em decomposição. Dentro do imóvel, encontraram os corpos de Emma, Melanie, Debra e Mark. Os cadáveres estavam em estado irreconhecível; tinham sido brutalmente atacados com um martelo de bola e um machado de cabo longo para cortar lenha. Suspeita-se que McCroskey tenha matado Emma, Melanie e Debra em algum momento na segunda-feira e que permaneceu na residência com os corpos até quinta, quando Mark apareceu para uma visita e também foi assassinado. McCroskey teria então fugido do local do crime usando o carro de Mark.

O legista acredita que o jovem tenha matado Melanie primeiro, enquanto ela dormia em um sofá numa das salas do andar térreo. Em seguida, teria se dirigido ao andar superior, onde assassinou a mãe de Emma enquanto a mulher dormia em seu quarto. Por fim, ele teria retornado para o andar de baixo, onde matou Emma de forma similar. De acordo com o perito, nenhuma das três vítimas acordou durante os ataques e seus corpos não apresentavam qualquer tipo de lesão indicativa de luta. Quando Mark chegou em casa, alguns dias depois, McCroskey atacou-o na sala de estar com as mesmas armas. Em seguida, transferiu os cadáveres de Mark e Melanie para dentro do quarto de Emma e tentou limpar o piso inferior da casa.

De acordo com os autos, McCroskey teria em algum momento gravado a si mesmo com uma câmera digital enquanto confessava os crimes e contemplava a possibilidade de suicídio.

Um dos amigos de McCroskey contatou a polícia na sexta-feira logo após receber uma mensagem alarmante sua dizendo que havia "matado todo mundo". Depois de encontrar os corpos, a polícia saiu no encalço de McCroskey, atinando para o fato de que, apenas doze horas antes, tinha estado em contato com o suposto assassino e o mandaram embora. Descobriram que o suspeito tomara um táxi em frente à loja de conveniência onde o motorista do reboque o deixara e finalmente conseguiram localizá-lo no aeroporto internacional de Richmond. De acordo com a polícia, ele não parecia muito surpreso quando os agentes o algemaram e o levaram para a delegacia.

McCroskey foi inicialmente acusado de homicídio doloso qualificado, furto e roubo qualificado. Posteriormente, as acusações foram ampliadas para um total de seis alegações de homicídio qualificado. Enquanto aguardava julgamento, foi posto em observação por risco de suicídio. Quando a polícia lhe perguntou por que tinha matado as vítimas, ele disse: "Foi Jesus que mandou".

Em setembro de 2010, Richard Alden Samuel McCroskey III declarou-se culpado das acusações. Alguns alunos de Debra criaram um abaixo-assinado on-line pedindo aos promotores que não recomendassem a pena de morte, alegando que Debra era veementemente contra esse tipo de punição e que condenar McCroskey à morte seria uma afronta às suas convicções. No final, o réu foi condenado à prisão perpétua depois de renunciar ao seu direito de recorrer da decisão.

Social Killers

Em homenagem a Debra Kelley e às outras três vítimas, estudantes da Universidade de Longwood plantaram árvores de azevinho no campus da instituição. Os moradores da cidadezinha de Farmville, Virgínia, demonstraram-se chocados e profundamente tristes diante daquelas mortes sem sentido. Muitos estudantes aproveitaram o momento de comoção e se reuniram para debater sobre os perigos de fazer amigos na internet. Alguns alunos de Debra Kelley chegaram inclusive a desativar seus perfis no MySpace logo depois do crime.

WILLIAM FRANCIS MELCHERT-DINKEL

31

Add as friend

CASADO,
PAI DE DUAS
FILHAS,
AFÁVEL E
CARIDOSO
–
–

RJ Parker // JJ Slate
SOCIAL KILLERS .COM

Com todos os serviços que a internet coloca à disposição de seus usuários, os predadores de hoje nem precisam mais estar diante de suas vítimas para prejudicá-las. Mesmo assim, por algum motivo, as pessoas parecem se sentir mais seguras compartilhando detalhes íntimos de suas vidas com um estranho, sem saber se a pessoa do outro lado esconde propósitos sinistros. Infelizmente, muita gente tem sido vítima das fantasias doentias e dos desejos compulsivos desses indivíduos.

William Francis Melchert-Dinkel nasceu em 20 de julho de 1962, em Faribault, Minnesota. Era casado e pai de duas filhas adolescentes. Pessoas de seu convívio o descreviam como um homem afável e caridoso, que frequentava a igreja regularmente. Entretanto, nem mesmo a própria esposa conhecia seu lado mais obscuro e destrutivo, nem seu estranho fetiche pelo suicídio.

William começou sua carreira como assistente de enfermagem. Entretanto, ao longo dos anos, teve o histórico profissional manchado por sanções disciplinares. Em 1994, quando trabalhava em um centro hospitalar, administrou medicamentos a pacientes sem realizar a devida anotação nos prontuários; não relatou erros médicos; não registrou o estado clínico de um paciente nem colocou o médico responsável a par do caso – uma omissão que resultou na morte desse paciente. Na ocasião, William recebeu uma advertência formal. Em 1996, trabalhou em um hospital onde também foi repreendido por negligenciar cuidados básicos de enfermagem e por tomar decisões que colocavam os pacientes em risco. Dois anos depois, em 1998, o Conselho de Enfermagem de Minnesota restringiu temporariamente seu direito ao exercício profissional diante de indícios de que vinha submetendo pacientes a maus-tratos havia quatro anos. A restrição vigorou até 2003. Em dado momento de sua carreira, William trabalhou em uma clínica geriátrica, mas foi demitido depois de ter supostamente abusado de dois residentes.

O Conselho de Enfermagem emitiu um relatório em que constatava que William não estava adotando práticas seguras de atenção à saúde e que também não era capaz de seguir instruções básicas ou de reter informações. O documento fazia menção a problemas familiares e ao fato de que William tinha sido diagnosticado com transtorno de ajustamento com ansiedade e transtorno do déficit de atenção com hiperatividade (TDAH).

Como parte de sua dupla identidade, William começou a visitar salas de bate-papo para pessoas suicidas. Nesses espaços, se aproveitava de indivíduos vulneráveis e os incentivava a cometer suicídio na sua frente via webcam. Ele fingia ser uma jovem enfermeira de vinte e poucos anos que conversava de modo compassivo com pessoas deprimidas. William viria a admitir que tentou convencer pelo menos vinte pessoas (embora o número possa ser bem maior) a se matarem e que fez um pacto de suicídio com dez delas, cinco das quais teriam de fato cometido suicídio. Ele tinha feito tudo isso, em suas próprias palavras, pela simples "emoção da caçada". A prática se estendeu por vários anos. Incluídos no grupo de cinco pessoas que teriam cometido suicídio depois de serem encorajadas por William estão Mark Drybrough, do Reino Unido, e Nadia Kajouji, do Canadá.

Mark Drybrough, 32 anos, era técnico em informática e vivia na cidade de Coventry, na Inglaterra. Sofria de depressão havia já alguns anos. Os primeiros sintomas surgiram depois de contrair uma doença chamada febre glandular (também conhecida como mononucleose infecciosa). Quando cometeu suicídio, em junho de 2005, seus familiares ficaram chocados. Eles estavam cientes do seu estado clínico, mas não sabiam que ele pensava em suicídio. Aquilo não era de seu feitio. Mais tarde, descobririam que, na manhã do dia em que se matou, Mark tinha se comunicado com uma enfermeira que usava o apelido "Li Dao". Minutos antes de se enforcar – pendurando-se na escada de dentro de um quarto no andar superior da casa –, Mark recebeu uma mensagem de Li Dao perguntando: "Você está bem?" Depois de ler o histórico de conversas entre Mark e "Li Dao", que se estendiam por um período de dois meses, constataram que os dois tinham feito um pacto de suicídio.

Por volta de novembro de 2006, Celia Bay, 64 anos, uma professora britânica e avó que morava na vila de Maiden Bradley, no condado de Wiltshire, Inglaterra, tinha recebido a informação de que uma adolescente amiga de sua família tinha feito um pacto suicida com uma enfermeira pela internet. Essa enfermeira se identificava na rede como "Li Dao". Celia conseguiu convencer a garota a adiar seus planos (quatro horas antes do horário marcado para o suicídio ser consumado) a fim de que tivesse mais tempo para investigar. Graças a ela, essa garota ainda está viva. No entanto, Celia tinha agora um difícil trabalho pela frente. Ela ouvira falar do suicídio de Mark Drybrough e ao relacionar o caso dele com o da adolescente percebeu que ambos tinham sido abordados por uma mesma pessoa usando o apelido "Li Dao". Depois de uma investigação mais aprofundada, descobriu que essa pessoa também usava outros apelidos, como "Falcon Girl" ("Garota Falcão") e "Cami D". Ao contatar outros usuários de salas de bate-papo, soube que a suposta mulher também fez pactos de suicídio com outras pessoas, incentivando-as a se matar diante da webcam. A câmera de "Li Dao" estava sempre com problemas técnicos e por isso nunca viam seu rosto. Celia divulgou alertas sobre a mulher misteriosa em vários sites de bate-papo. Após meses de esforço reunindo provas que pudessem incriminá-la, Celia procurou as autoridades locais, que se recusaram a abrir uma investigação. A professora percebeu então que estava travando aquela batalha sozinha e decidiu buscar ajuda em outra parte.

Dali a pouco, formou uma parceria com Katherine Lowe, 37 anos, uma mulher desempregada e mãe de dois filhos que vivia na cidade de Wolverhampton, também na Inglaterra. Por volta de janeiro de 2008, Kat e Celia começaram a bolar um plano para pegar "Li Dao" (ou "Falcon Girl", ou "Cami D.") no ato. Não desconfiavam, porém, que por trás daquele pseudônimo se escondia William, que àquela altura já estava prestes a tirar a vida de mais uma vítima.

Nadia Kajouji era uma jovem atraente de 18 anos que cursava relações públicas e diplomacia na Universidade de Carleton, em Ottawa, no Canadá. Era seu primeiro ano na faculdade e ela estava tendo dificuldades para se adaptar à vida universitária. Em um domingo, 9 de março de 2008, Nadia desapareceu. Aquele foi o último dia em que foi vista por seus colegas de quarto. Os pais de Nadia, temendo que a garota tivesse sido vítima de algum crime violento, pressionou as autoridades a realizarem uma busca e foram atendidos. Encontraram os pertences de Nadia em seu quarto, incluindo sua carteira de motorista e sua bolsa, o que indicava que não se se tratava de uma fuga intencional. Depois de analisar seu computador, a polícia descobriu que Nadia tinha visitado salas de bate-papo dedicadas ao suicídio. Seus pais, no entanto, não acreditavam na hipótese de que a filha tivesse se matado e viajaram por quase 500 km até Ottawa para ajudar nas investigações. Em dado momento, chegaram a anunciar uma recompensa de 50 mil dólares para quem a encontrasse e a mandasse em segurança para casa. Eles sabiam que a garota estava passando por um momento difícil, mas não aceitavam que estivesse em vias de se suicidar. Assim como a família de Mark, eles estavam errados. Em 19 de abril de 2008, alguém encontrou o corpo de uma mulher sobre uma rocha no entorno do rio Rideau, que passa por trás da Universidade de Saint Paul, a poucos quilômetros da Universidade de Carleton. O corpo foi identificado como sendo o de Nadia e a causa de sua morte foi definida como suicídio, uma vez que não havia qualquer indício de crime violento.

Enquanto isso, as investigações empreendidas por Celia Bay e Katherine Lowe prosseguiam a pleno vapor. Katherine aproximou-se de "Falcon Girl" e ganhou sua confiança. A falsa mulher disse a Katherine que trabalhava como enfermeira no pronto-socorro de um hospital dos Estados Unidos e logo em seguida enfatizou que tinha experiência e podia lhe dar conselhos sobre a melhor maneira de cometer suicídio. "Falcon Girl" alegou inclusive que tinha visto um homem se matar alguns anos antes. "Falcon Girl" não revelou a identidade do homem, mas afirmou que ele era de Birmingham, na Inglaterra. A pretensa enfermeira garantiu a Katherine que cumpriria o pacto de suicídio desta vez, embora não tivesse cumprido em outras ocasiões. Transcrevemos a seguir algumas mensagens que constam no histórico de conversas entre as duas:

Katherine – *As quatro pessoas que você acha que se enforcaram, todas elas fizeram isso enquanto você estava on-line?*
"Falcon Girl" – *Não, só uma.*
Katherine – *Quando o cara de Birmingham se matou, por que você não se matou também?*

"Falcon Girl" – *Tinham me dado um remédio diferente [para] ver se eu melhorava.*
Katherine – *Estou com medo.*
"Falcon Girl" – *Eu sei. Concordei em ajudar você porque nós duas sabemos que estamos sendo sinceras sobre nossa necessidade de morrer. É por isso que concordei em observar/ajudar [você] caso precise.*
Katherine – *Eu tentei cortar meus pulsos.*
"Falcon Girl" – *Foi exatamente por isso que sugeri a corda, é muito mais confiável.*

Algum tempo depois, "Falcon Girl" enviou a Katherine uma foto supostamente sua. Embora a pessoa na foto fosse realmente uma mulher, o nome do arquivo de imagem era o nome de um homem. Katherine começou a suspeitar que estava falando com uma pessoa completamente diferente do que imaginava. Além disso, conversando com outros membros de grupos afins, ela ficou sabendo que esse mesmo indivíduo usava vários nomes diferentes, incluindo "Li Dao" e "Cami D.". Eles chegaram a essa conclusão depois de observar a escolha individual de palavras, os assuntos e a forma como os três apelidos expressavam ideias – em vez de oferecer ajuda, "Falcon Girl" (e seus outros cognomes) incentivava as pessoas a de fato cometerem suicídio. Em um golpe de sorte, Katherine conseguiu convencer "Falcon Girl" a ligar a webcam. Ela viu um homem na tela e conseguiu tirar uma foto dele com o celular. Finalmente, Katherine tinha informações suficientes para relacionar o endereço IP daquele homem aos subúrbios de St Paul, em Minnesota.

Celia e Katherine montaram um dossiê, que incluía uma transcrição das conversas entre Katherine e "Falcon Girl", e o entregaram à polícia do Reino Unido, que se negou a investigar o caso. Elas também enviaram o documento ao FBI, que alegou que o caso estava fora de sua jurisdição e que isso os impedia de abrir uma investigação. Apesar disso, as duas mulheres, junto com a mãe de Mark, a sra. Drybrough, não desistiram e continuaram batalhando para que a demanda fosse ouvida, até que o departamento de polícia de St. Paul, Minnesota, finalmente aceitou investigar o caso após examinar todas as provas reunidas pelas mulheres. Com isso, a verdadeira identidade e o endereço residencial do indivíduo que se escondia por trás do apelido "Falcon Girl" foram enfim revelados. Seu nome era William Francis Melchert-Dinkel.

Não se sabe exatamente quantas pessoas William convenceu a cometer suicídio, já que ele pode ter contatado centenas de pessoas ao longo de vários anos. Mas o fato é que William sempre incentivava essas pessoas a pôr seus planos suicidas em prática e também dava sugestões de como poderiam fazê-lo. Graças ao empenho das três mulheres no Reino Unido, William foi vinculado ao suicídio de Mark Drybrough e Nadia Kajouji. Descobriu-se que, antes de sua morte, Nadia tinha conversado com William, que na ocasião usava o pseudônimo "Cami D.", em uma das salas de bate-papo dedicadas ao suicídio. A polícia também descobriu que William fizera diversos pactos de suicídio com pessoas do mundo inteiro. Detido para interrogatório, William teve de ser internado logo em seguida em razão de seu comportamento instável. No hospital, disse às enfermeiras que era viciado em salas de bate-papo onde pudesse conhecer pessoas suicidas e confessou que encorajara várias delas a se matar.

Em 5 de fevereiro, o Conselho de Enfermagem suspendeu seu direito de exercer a enfermagem e considerou-o um risco à vida de outras pessoas. Alguns meses depois, tal direito foi completamente revogado.

Em 30 de abril de 2010, William foi acusado de incitar Mark Drybrough ao suicídio em 2005 e Nadia Kajouji em 2008. Foi um caso polêmico, já que William não prestou ajuda física aos suicidas mencionados, apenas os encorajou verbalmente a se matarem – e assim estaria, de certa forma, exercendo seu direito à liberdade de expressão. Contudo, William foi condenado em 15 de março de 2011 com base em uma lei raramente aplicada em Minnesota que proíbe orientar ou encorajar outras pessoas a cometerem suicídio, uma acusação que poderia ter resultado em quinze anos de prisão e uma multa de 30 mil dólares.

Poderia. Mas, em 4 de maio de 2011, William (que foi proibido pelo tribunal responsável de acessar a internet enquanto seu caso estivesse sendo julgado) foi condenado a apenas 360 dias de prisão. Em 27 de julho de 2012, o Tribunal de Apelações de Minnesota confirmou a sentença. No início de 2014, a Suprema Corte Estadual estabeleceu que qualquer indivíduo que oriente ou encoraje outra pessoa a se suicidar está protegido com base no direito de liberdade de expressão assegurado pela Primeira Emenda. A condenação de William foi revogada e o caso foi remetido a um tribunal inferior que pronunciaria o veredicto. Na época em que este livro foi para o prelo, acusação e defesa já tinham apresentado os argumentos finais e William Francis Melchert-Dinkel aguardava ser convocado para ouvir a decisão do juiz do tribunal distrital para o condado de Rice, Tom Neuville.[1]

---

[1] Após toda a discussão em torno da legalidade das acusações, a sentença de fato foi considerada inconstitucional e, depois, de seis meses aguardando o julgamento, William Francis Melchert-Dinkel foi posto em liberdade. [NE]

DEREK MEDINA

Add as friend

"MINHA MULHER
ESTAVA ME
BATENDO E
EU NÃO PODIA
MAIS AGUENTAR"
—
—

RJ Parker // JJ Slate

SOCIAL KILLERS .COM

Os monstros das mídias sociais não usam a internet apenas para localizar e atrair vítimas. Estranhamente, alguns recorrem às mídias sociais para se confessar.

Derek Medina era um homem de 1,88 m e 90 kg. Morava em Miami, Flórida, e trabalhava como supervisor administrativo de imóveis. Derek expunha boa parte de sua vida em redes sociais, nas quais compartilhava com frequência fotos e vídeos de si mesmo enquanto malhava e se dedicava a hobbies como kickboxing e velejamento. Também era escritor e publicou seis livros eletrônicos de autoajuda, nos quais descrevia a importância da comunicação para um casamento bem-sucedido. Promovia esses livros em seu site e em sua página do Facebook. Um desses livros se intitulava *How I Saved Someone's Life and Marriage and Family Problems Thru Communication* (Como eu salvei a vida e o casamento de uma pessoa através da comunicação).

Social Killers

Derek casou-se com Jennifer Alfonso em 2010. O casal chegou a se divorciar em fevereiro de 2012, mas eles voltaram a se casar apenas três meses depois. Os moradores do complexo de condomínios onde o casal morava com a filha consideravam Derek um homem educado, mas meio esquisito. Era comum vê-lo circulando pelo complexo, patrulhando as ruas, enquanto dizia a quem quisesse ouvir que estava zelando pela segurança de todos na vizinhança. Ele também apregoava que tinha permissão para portar armas ocultas e que andava o tempo todo com uma arma.

Em 8 de agosto de 2013, amigos de Derek no Facebook ficaram chocados com uma mensagem desconexa publicada por ele às 11h11: "Vou pra cadeia ou vão me condenar a morte por matar minha esposa amo vcs pessoal, vou sentir saudades galerinha do Facebook se cuidem vcs vao me ver no jornal". Derek continuou escrevendo, tentando justificar suas ações: "Minha mulher estava me batendo e eu não podia mais aguentar aquele abuso por isso agi dessa forma espero que vcs me entendam". Minutos depois, publicou uma foto de Jennifer morta no chão da cozinha. Ela estava de barriga para cima, o corpo torto, com as pernas dobradas meio de lado sob as coxas. Os braços estendiam-se para baixo de forma oblíqua, um pouco afastados do tronco, e um deles parecia estar coberto de sangue. O queixo de Jennifer repousava sobre seu peito e sua cabeça pendia em um ângulo torto. Junto com a foto, Derek escreveu: "RIP Jennifer Alfonso".

Para o horror de todos que conheciam Jennifer, a publicação do Facebook acompanhada da foto macabra permaneceu ativa por mais de cinco horas no site, onde foi compartilhada mais de 170 vezes. Apelidado de "O Assassino do Facebook", a história de Derek Medina ganhou as manchetes de forma quase instantânea. O Facebook entrou finalmente em ação depois de receber denúncias de amigos e familiares de Jennifer. Na época, eles removeram a imagem perturbadora e acionaram as autoridades.

De acordo com Derek, os dois começaram a discutir no quarto, que ficava no andar superior da casa. Quando Derek, irado, apontou uma arma para ela, Jennifer o ignorou e saiu do quarto. Em seguida, virou-se para ele e disse que o deixaria. Derek desceu as escadas atrás dela e seguiu-a até a cozinha, onde, segundo Derek, a mulher teria começado a esmurrá-lo. O homem contou aos policiais que voltou para o andar de cima para buscar a arma. Quando retornou à cozinha, Jennifer tinha pegado uma faca. Derek afirma que conseguiu tomá-la das mãos de Jennifer e colocou-a de volta em uma gaveta. Nesse momento, a mulher teria começado a esmurrá-lo de novo – foi quando Derek disparou cinco tiros contra ela, matando-a.

Ele tirou então uma foto do cadáver da esposa, postou a imagem no Facebook, trocou de roupa e seguiu de carro até o departamento de polícia de South Miami, na Flórida, onde se entregou às autoridades. Quando os policiais chegaram ao local do crime, encontraram o corpo da mulher na cozinha, onde ele a deixara. Jennifer tinha uma filha, de um relacionamento anterior, que morava com eles. Os agentes encontraram a menina – na época com 10 anos – escondida no andar de cima da casa, enrolada em um cobertor. Estava ilesa.

Derek negou as acusações de homicídio doloso simples. Imagens da câmera de segurança instalada na casa do casal, reveladas mais tarde, mostraram os momentos que antecederam o assassinato. Embora o vídeo não mostre de forma clara o assassinato em si, os dois aparecem discutindo. Derek deixa a cozinha por um momento e retorna logo em seguida. É possível ver sinais de detonação de pólvora no vídeo quando a arma é disparada. Depois, ele tira calmamente uma foto do cadáver da mulher e volta ao quarto para trocar de roupa antes de sair.

O relatório da necrópsia concluiu que Jennifer foi baleada múltiplas vezes no antebraço esquerdo, indicando que ela tentou se proteger dos disparos. As balas que a alvejaram descreveram uma trajetória descendente, sugerindo que ela se agachou diante dele, com os braços erguidos, em uma postura defensiva. Isso contradizia completamente o depoimento de Derek, que alegava ser Jennifer a agressora.

Em dezembro de 2013, levando em conta os resultados da necrópsia, os promotores agravaram as acusações contra Derek para homicídio doloso qualificado. Derek continuou sustentando que tinha agido em legítima defesa e reafirmou sua inocência. Em janeiro, os advogados de defesa solicitaram um teste em amostras de tecido da vítima para tentar detectar vestígios de uma droga chamada Alpha-PVP, mais comumente conhecida como "sais de banho", sabidamente causadores de agitação, pânico e paranoia. A defesa alegou ter encontrado na cozinha do casal um punhado de pílulas suspeitas em um frasco contendo cápsulas de suplemento à base de alho. As imagens de segurança disponibilizadas pela polícia mostram Jennifer abrindo o armário onde o frasco foi encontrado, cerca de onze horas antes do assassinato. Em maio de 2014, o legista responsável emitiu um relatório no qual atestava que não havia drogas no organismo da vítima.

De acordo com os investigadores que trabalharam no caso, Derek dizia a todo mundo que mataria Jennifer caso ela algum dia o traísse ou ameaçasse deixá-lo. Eles insistem que o agressor era ele, não a mulher. O julgamento está marcado para 14 de outubro de 2014. Embora Derek Medina esteja respondendo a acusações de homicídio qualificado, a Procuradoria do Estado da Flórida no condado de Miami-Dade anunciou que não vai pedir a pena de morte neste caso.[1]

---

1   Derek Medina continua preso, aguardando sentença. [NE]

BRADY OESTRIKE

Add as friend

FEIRAS MEDIEVAIS, FESTIVAIS RENASCENTISTAS E RETIRO PARA JOVENS CRISTÃOS
—
—

RJ Parker // JJ Slate
SOCIAL KILLERS .COM

Brady Oestrike, 31 anos, era conhecido entre os amigos pelo seu gosto por feiras medievais e por frequentar festivais renascentistas. De acordo com sua página no Facebook, ele era bastante religioso e chegou a estudar na Montana Wilderness School of the Bible, que oferece uma espécie de retiro para jovens cristãos na região das Montanhas Rochosas em Montana, onde os estudantes ficam em contato com a natureza e recebem ensinamentos bíblicos por cerca de um ano. Certa vez, Brady fez uma viagem com seu grupo da igreja para ajudar a construir uma escola e um hospital na República Dominicana. Ele trabalhava como técnico de manutenção de linhas de energia para uma companhia elétrica local em Wyoming, Michigan. Para a maior parte das pessoas que o conheciam, era um homem amável, generoso e perfeitamente normal. Noivo, pretendia se casar em um futuro não muito distante, mas sua noiva rompeu o compromisso em 2013, momento em que, conforme o relato de amigos, Brady caiu em uma profunda crise depressiva, da qual nunca se recuperaria totalmente.

Em abril de 2014, Brady teria entrado em um bar que costumava frequentar em Eastown, Michigan, e dito a várias pessoas que deixara uma mulher amarrada dentro de casa. Segundo ele, depois de se encontrar com uma mulher que conheceu pela Craigslist, ele a colocou dentro de uma mala e a levou para casa no porta-malas do carro. Chegando lá, amarrou a mulher e a deixou sozinha enquanto ia para o bar. Alarmados, os funcionários do estabelecimento ligaram para a polícia e relataram o que tinham ouvido. Quando os investigadores foram apurar a história, descobriram que a mulher estava bem e que tudo não tinha passado de uma encenação entre os dois. Como nenhum crime fora cometido, o caso foi arquivado.

Três meses depois, Brady respondeu a um anúncio na Craigslist publicado por uma garota de 18 anos chamada Brooke Slocum e seu namorado de 25, Charlie Oppenneer. Brooke estava grávida de oito meses de seu primeiro filho. Fontes que acompanharam de perto as investigações contam que Brooke e Charlie diziam no anúncio que estavam à procura de um parceiro sexual em troca de dinheiro. O anúncio dizia mais ou menos o seguinte: "Olá! Um pouco sobre mim: Tenho 18 anos, 1,60 m de altura e por enquanto peso cerca de 54 kg (digo "por enquanto" porque estou grávida de oito meses de uma linda menininha metade branca, metade coreana), sou branca e baixinha, tenho cabelos castanhos curtos e olhos verdes [...] eu e o pai do meu bebê meio que estamos em um tipo esquisito de relacionamento aberto". A colega de quarto de Brooke confirmou posteriormente à imprensa que o casal costumava se encontrar com pessoas que respondiam aos anúncios que os dois publicavam juntos na Craigslist. Charlie sempre acompanhava Brooke nesses programas e às vezes participava do ato sexual.

O pai de Brooke declarou mais tarde à imprensa que estava a par do perigoso hábito da filha de se encontrar com estranhos e que tinha tentado dissuadi-la de insistir nesse comportamento. Porém, segundo ele, a filha estava apaixonada por Charlie, que exercia grande influência sobre ela e a manipulava com facilidade. O casal tinha terminado o relacionamento por um breve período no início de julho e Brooke planejava ir morar com a mãe. Em vez disso, fez as pazes com o namorado e os dois continuaram em busca de potenciais parceiros sexuais na Craigslist.

Charlie e Brooke combinaram de se encontrar com Brady no Gezon Park em 12 de julho de 2014. Quatro dias mais tarde, depois de ser informada de que havia um veículo abandonado no local, a polícia encontrou o corpo decapitado de Charlie nos arredores do parque, em um matagal. O legista que examinou o cadáver concluiu que Charlie não morrera em consequência da decapitação, mas sem a cabeça não havia como determinar a causa de sua morte. (Até o momento em que este texto foi escrito, a cabeça ainda não tinha sido encontrada.)

Não demorou muito para a polícia perceber que a namorada grávida de Charlie também estava desaparecida. Ao revistar o apartamento da garota, os investigadores descobriram os e-mails que trocara com Brady a respeito do encontro sexual. A polícia começou a vigiar a casa de Brady enquanto aguardava a emissão de um mandado de busca e apreensão. Os agentes também tinham solicitado a presença de uma equipe da SWAT no local para auxiliar nas operações de busca, pois acreditavam que o suspeito tinha armas semiautomáticas em seu poder. Por volta das 21h15 de quinta-feira, 17 de julho, Brady entrou em seu carro e fugiu em disparada. Houve uma perseguição em alta velocidade, que terminou quando Brady bateu o veículo. A polícia o encontrou morto no banco da frente, com um tiro autoinfligido na cabeça. Quando abriram o porta-malas do carro, encontraram o corpo de Brooke Slocum. Ela fora estrangulada até a morte. Sua filha em gestação, uma menina que planejava chamar de Audi Lynn, não teve chance e morreu ainda na barriga da mãe. O legista que analisou o corpo concluiu que a garota morrera a menos tempo que Charlie.

A polícia invadiu então a casa de Brady, descrita à imprensa como um "ambiente infernal". Apreenderam armas de fogo, munição, armas medievais e facas dentro da residência. Ao que tudo indica, Brady mantivera Brook em cativeiro por cinco dias, presa por grilhões medievais.

Após a sua morte, vários amigos de Brady vieram a público falar sobre o caso. Uma deles era Brittany Zemaitis, de 23 anos. Ela afirmou que Brady entrou em um estado profundo de depressão após o rompimento de seu noivado. Segundo Brittany, ele falava em suicídio e certa vez declarou que se considerava uma pessoa perigosa. Em outra ocasião, disse que gostaria de viver em uma época em que pudesse matar gente com as próprias mãos.

A antiga colega de quarto de Brady também falou à imprensa sobre os assassinatos brutais. Rachel Morris disse que não se surpreendia com as ações de Brady. Afirmou que acompanhou quando sua depressão começou a se agravar e que sabia que ele estava tendo pesadelos e escrevendo poemas mórbidos. Rachel saiu da casa em 2012, quando Brady lhe avisou que estava tendo pensamentos homicidas a respeito dela. A garota contou à imprensa que tentou convencê-lo a procurar ajuda psiquiátrica e que Brady acreditava estar sofrendo de esquizofrenia, mas tinha pavor de perder o emprego por causa disso. "Acho que no final", ela disse, "os medos e as ideias sinistras que ele estava tendo ganharam. Ele não aguentou."

No momento em que este texto era escrito, investigadores encarregados do caso trocavam impressões com outros departamentos de polícia em Michigan e averiguavam a possibilidade de que Brady Oestrike estivesse associado a outros crimes, incluindo o sumiço de Jessica Heeringa, uma frentista de um posto de gasolina da Exxon em Grand Rapids, que desapareceu misteriosamente na noite de 26 de abril de 2013.

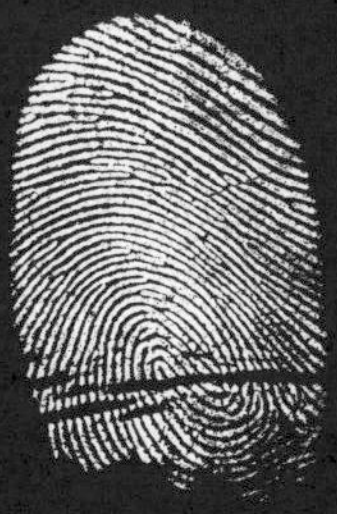

Alerta

34

Add as friend

COMO AS
AUTORIDADES
USAM AS
REDES SOCIAIS
PARA CAÇAR
CRIMINOSOS
—
—

RJ PARKER // JJ SLATE

SOCIAL KILLERS .COM

Embora este livro tenha se focado nos aspectos negativos das mídias sociais, há um lado positivo que ainda não discutimos. Sem sombra de dúvida, tais mídias têm sido utilizadas com sucesso pelas autoridades para resolver diversos crimes no mundo todo.

Sabe-se que criminosos usam as redes sociais para se gabar de seus crimes. Contam aos amigos como tramaram esses crimes e alguns chegam a publicar fotos e vídeos que os incriminam, sem perceber que a polícia poderia ter fácil acesso a esse material. O que eles não sabem é que um amigo do Facebook pode estar sendo pago para agir como informante. RJ Parker disse certa vez em uma entrevista: "O homem é um animal social, e o criminoso possivelmente mais ainda". Os criminosos que não conseguem resistir ao impulso de se gabar de seus crimes na internet são uma benção para a polícia e para os agentes da Justiça no mundo inteiro.

Segundo o Centro para Mídias Sociais da Associação Internacional de Chefes de Polícia (iacp, na sigla em inglês), foi por volta de 2005 que as delegacias de polícia começaram a se aventurar pelas redes sociais, utilizando o MySpace. Essa prática logo se estendeu para o Facebook e desde então têm se disseminado para outros canais.

Os detetives particulares vinculados a bureaux de crédito também têm adotado métodos mais sofisticados de investigação e passaram a usar redes como o LinkedIn, o Twitter e o Facebook para confirmar a identidade dos suspeitos e comprovar fraudes. O trabalho desses profissionais abrange desde tarefas simples, como a conferência de fotos, até a identificação de pessoas pelo texto de suas publicações. Podem, por exemplo, determinar se a pessoa em questão é nativa de uma dada região, estado ou país simplesmente pela análise da gramática e dos coloquialismos empregados nas mídias sociais.

COMO A MÍDIA SOCIAL SE TORNOU UMA FERRAMENTA TÃO ÚTIL PARA CAÇAR CRIMINOSOS?

Querendo ou não, todos nós deixamos sinais particulares de nossa passagem pelas redes sociais, como se fossem impressões digitais. Nesse contexto, surgiu uma nova maneira de fazer negócios, que passaram a ser mediados por uma ampla gama de redes sociais, tais como Facebook, Twitter, LinkedIn, MySpace, Flickr e YouTube. Através desses canais, e valendo-se de métodos exclusivos, órgãos de segurança conseguem contratar informantes, peças-chave na prevenção e na solução de crimes. As mídias sociais, portanto, têm se mostrado importantes aliadas da investigação criminal, o que inclui blogues, salas de bate-papo, fóruns, publicações, além dos comentários e sites de notícias. O Grande Irmão está de olho em todos eles em busca de certas palavras-chave por meio de um sofisticadíssimo programa usado no mundo inteiro.

Hoje em dia, graças às redes sociais, os órgãos de investigação conseguem ter uma percepção muito mais abrangente de como são cometidos os crimes nos bairros, cidades e estados de sua jurisdição. Assim, é inegável que o Facebook e o Twitter têm contribuído de forma decisiva para a captura de criminosos. A polícia está agora na cômoda posição de ser avisada sobre usuários que apresentam comportamentos estranhos nesses sites; as denúncias, em geral, partem de amigos do suspeito depois que este publica conteúdos comprometedores. Vídeos, fotos e comentários postados pelo suspeito e seus amigos em sites como o YouTube também podem ser usados como provas. Para um detetive, é bem mais fácil compreender a mente de um suspeito ao monitorar suas publicações e mais ainda ao criar uma conta falsa para fazer amizade com ele. Quando publicações desse tipo aparecem na rede, elas ficam à disposição da polícia, que pode assim examiná-las e obter valiosas informações sobre o suposto criminoso, antes ou depois do crime.

CASOS INTERESSANTES QUE JUSTIFICAM O USO DE REDES SOCIAIS PARA CAPTURAR CRIMINOSOS

No ano passado, a polícia da cidade de Nova York prendeu um homem sob a acusação de assassinato depois de descobrir publicações comprometedoras em sua página no Facebook. Tratava-se de Melvin Colon, também autuado por crimes relacionados a entorpecentes e armas ilegais. A polícia suspeitava que ele fosse um notório integrante de uma gangue da cidade. Ele publicou no site fotos em que ostentava símbolos de sua gangue, além de diversos comentários incriminadores que aludiam a crimes violentos que teria cometido. Melvin também fez ameaças a vários usuários da rede. Houve um debate caloroso sobre a aplicabilidade da Quarta Emenda nesse caso. Esse dispositivo da Constituição dos Estados Unidos veta a busca e a apreensão arbitrária de bens e imóveis, isto é, sem que haja motivo razoável e mandado judicial baseado em causa provável. Os advogados de Melvin alegavam que todas as publicações de seu cliente no Facebook estavam amparadas pela Quarta Emenda. Entretanto, o argumento da defesa foi rejeitado por um juiz federal, que afirmou que Colon perdera o direito à privacidade ao compartilhar as publicações com os amigos no Facebook.

Social Killers

▶ Outro exemplo interessante do uso das redes sociais como fonte pública de informações ocorreu na cidade de Cincinnati, onde há seis anos a polícia desarticulou uma gangue de rua e autuou mais de setenta pessoas. A operação foi resultado de nove meses de investigação, que permitiu identificar os principais membros da gangue através das mídias sociais. A polícia gerou um banco de dados com as informações extraídas das redes sociais e trabalhou em parceria com o Instituto de Ciência Criminal de Cincinnati. Um programa de computador foi utilizado para analisar os registros de arquivos e de gravações telefônicas já existentes e estabelecer uma conexão entre os suspeitos.

▶ Em 2008, Ronnie Tienda Junior, do Texas, foi acusado de um assassinato ligado a uma gangue. Em grande parte, isso só foi possível por causa de mensagens e fotos comprometedoras que ele havia postado em páginas públicas do MySpace.

▶ O Facebook deixou claro à emissora de tv cnn que não tinha fornecido nenhum tipo de acesso especial à sua rede a qualquer órgão de segurança. Se quisesse informações privadas do Facebook, a polícia teria de obtê-las por meio dos canais oficiais. Quando informações pessoais são requisitadas, cada rede social como o Facebook, o Twitter, oLinkedIn ou o MySpace age de acordo com sua própria política de divulgação de dados. Dependendo do tipo de informação ou do período em que tais dados ficaram hospedados no site, pode ser necessária uma ordem judicial. Em 2006, por exemplo, quando a polícia de Minnesota suspeitou que um homem chamado Darrin Anderson se comunicava com meninas menores de idade por meio de uma conta falsa no Facebook, foi necessário apresentar um mandado de busca aos administradores do site, que forneceu então dados correspondentes a quase dois anos e meio de atividade daquele perfil, com mais de oitocentas conversas, predominantemente com meninas de menos de 18 anos. Esse material foi apresentado como prova no tribunal. O acusado reconheceu-se culpado das acusações de incitamento à conduta ilícita de natureza sexual e foi condenado a vinte anos de prisão.

RJ Parker // JJ Slate

▸ Este é um caso atípico de como a internet ajudou a polícia a seguir o rastro de um criminoso. Um britânico estava envolvido em um roubo de joias avaliadas em 130 mil dólares. Ele fugiu do país logo depois de roubá-las. Vários meses depois, retornou de férias ao Reino Unido sob uma identidade falsa. Mas cometeu um erro elementar: postou fotos das joias roubadas no Facebook. Os policiais, que vigiavam as redes sociais atrás de mais detalhes sobre esse suspeito, conseguiram identificar as fotos das tais joias e o capturaram.

▸ Os métodos adotados pelas forças policiais nem sempre se restringem ao simples monitoramento e podem chegar a uma interação real com os suspeitos. Foi assim que policiais do Brooklyn armaram uma cilada e capturaram uma gangue de jovens conhecida como "Brower Boys Gang". Primeiro, enviaram solicitações de amizade aos integrantes e foram aceitos. Depois, acompanharam todos os crimes que eles cometiam e alardeavam no Facebook. Alguns deles chegaram a aludir a planos de invadir e roubar uma casa. Por fim, foram rastreados, capturados e encarcerados pela polícia.

▸ Em 2011, a polícia de Vancouver, no Canadá, apoiou-se fortemente no Twitter diante dos violentos tumultos ocorridos durante as finais da Copa Stanley, famosa competição de hóquei no gelo. No início do campeonato, os policiais do órgão criaram um perfil no site e publicaram uma série de tuítes triviais com o intuito de se envolver com a comunidade. Para surpresa da polícia, os tuítes foram muito bem recebidos pelos seguidores do perfil. O agente encarregado das mídias sociais valeu-se do aplicativo Hoot Suite para avaliar o sentimento do público. Quando os distúrbios começaram, a polícia de Vancouver continuou tuitando e chegou a usar a hashtag #canucksriot (ou "tumultos no Canadá") para acompanhar a evolução do caos. O órgão de polícia ganhou tanta popularidade que aumentou em quase 2.000% o número de seguidores conforme os novos usuários acessavam o perfil para se manter informados. Depois dos tumultos, a polícia de Vancouver continuou utilizando as redes sociais como canal de comunicação para que os moradores pudessem reportar qualquer atividade ilegal ou não autorizada. A receptividade do público foi tremenda, algo sem precedentes na história da prefeitura da cidade. Jornalistas e moradores da região apresentaram importantes pistas sobre a identidade dos suspeitos de ter incitado e provocado os distúrbios. O público não apenas enviava fotos à polícia, como também publicava diversos tuítes em apoio ao órgão.

CONTAS FALSAS SÃO PROIBIDAS. MAS AS REDES SOCIAIS ESTÃO BURLANDO AS REGRAS

Muitos agentes da lei têm violado as políticas de privacidade do Facebook e Twitter ao criar perfis falsos com o objetivo de se relacionar com os suspeitos e ter acesso à enorme quantidade de informações abertas ao público. As autoridades também solicitam informações privadas diretamente aos administradores das redes por meio de mandatos e intimações – às vezes, em regime de emergência, se julgam haver algum perigo iminente.

Policiais do mundo inteiro começaram a usar sites como o Facebook para ajudar vítimas a identificar criminosos e suspeitos... como uma ficha policial virtual. Alguns policiais adotam uma abordagem polêmica para conduzir investigações. Criam um perfil falso e se infiltram no site para se aproximar sigilosamente dos suspeitos e adicioná-los como amigos. Um estudo revelou que quase 10% dos perfis do Facebook são falsos. Embora tais perfis violem os termos de uso das redes sociais, não podem ser consideradas totalmente ilegais. Provas coletadas dessa forma por policiais ou outros agentes da lei podem ser apresentadas em um tribunal. Um levantamento da LexisNexis Risk Solutions, uma organização dedicada a pesquisas digitais nos campos jurídico e empresarial, revelou que a maior parte das autoridades de segurança não teve problema algum ao criar contas com perfis falsos para fins de investigação. Muitos agentes acham que criar contas falsas é perfeitamente ético quando o objetivo é combater o crime.

RJ PARKER // JJ SLATE

Em casos emergenciais, quando há risco palpável de violência, as autoridades não pensarão duas vezes se devem ou não obter acesso imediato às informações de um suspeito numa rede social: farão uma solicitação de emergência. Recentemente, uma postagem anônima no Twitter levou à descoberta de uma série de outros tuítes que indicavam a ameaça de um ataque a tiros em um teatro da Broadway onde Mike Tyson apresentaria um espetáculo. Um dos tuítes dizia que alguém tinha feito uma lista de alvos entre as cerca de seiscentas pessoas esperadas para a apresentação e alardeava como seria fácil transformar aquele evento em um assassinato em massa. Detetives da polícia fizeram um pedido de emergência ao Twitter para que fornecesse a identidade e os dados completos do usuário. O Twitter rejeitou o pedido, alegando que não havia indícios suficientes de uma ameaça iminente. Por fim, a polícia apresentou uma ordem judicial e o Twitter foi obrigado a entregar as informações solicitadas.

AS REDES SOCIAIS MAIS UTILIZADAS PELAS AUTORIDADES

Recentemente, nos eua, foi feito um levantamento com 1.200 funcionários de órgãos de segurança de nível municipal, estadual e federal que haviam utilizado plataformas midiáticas para solucionar crimes. Durante o estudo, quatro a cada cinco funcionários confirmaram o uso de redes sociais para coletar informações durante as investigações. A maior parte deles admitiu que as redes sociais os ajudava a solucionar crimes muito mais rápido do que antes. Essa pesquisa, organizada pela empresa LexisNexis, concluiu que o Facebook é a rede mais utilizada por órgãos de segurança, superando o YouTube em popularidade. A polícia está usando o Facebook de forma estratégica e o site é apenas uma entre as várias ferramentas utilizadas para juntar provas e solucionar crimes.

Nem todos os suspeitos facilitam o trabalho dos órgãos de segurança, que podem ter dificuldade em identificar suas atividades criminais;

entretanto, as estratégias utilizadas pela polícia evoluíram desde o início do Facebook. Os métodos adotados por detetives públicos e particulares tornaram-se mais sofisticados nos últimos anos. O Facebook passou a ser uma das formas mais eficazes de reunir provas contra os criminosos. Após seu surgimento, em 2005, levou algum tempo até que investigadores e agentes da polícia percebessem seu potencial. Em seus primeiros anos de vida, o site era usado predominantemente por universitários. Agentes da polícia e autoridades dos campi utilizavam o Facebook para coletar indícios de violações da política de consumo de álcool em várias faculdades. Órgãos de segurança começaram a usar a rede social para investigar crimes mais sérios em 2008, quando a polícia de Cincinnati trabalhou em conjunto com a Universidade de Cincinnati para identificar importantes membros de gangues que utilizavam o site. Esse foi o primeiro grande caso em que a polícia fez uso de uma rede social para reunir provas contra criminosos.

COMO AS REDES SOCIAIS PODEM AJUDAR A ENCONTRAR DESAPARECIDOS E SUSPEITOS

As redes sociais não são utilizadas apenas para solucionar crimes, mas também para encontrar pessoas desaparecidas ou que possam estar em perigo. As publicações de usuários nas mídias sociais oferecem uma visão privilegiada do estado mental e das intenções de pessoas desaparecidas e de suspeitos, o que pode levar a inteligentes deduções. Através das redes sociais, os agentes de órgãos de segurança juntam pistas cruciais do paradeiro de indivíduos que podem ter simplesmente fugido de casa ou informações sobre pessoas em risco e sua provável localização. A polícia pode ter uma boa noção dos planos de alguém examinando suas publicações, comentários, curtidas e listas de amigos. No Twitter, pode-se pedir aos seguidores que deem qualquer tipo de pista ou alerta sobre crimes, suspeitos à solta e pessoas desaparecidas.

RJ Parker // JJ Slate

AS REDES SOCIAIS E O ENVOLVIMENTO COM O PÚBLICO

Conquistar a confiança de uma comunidade é dar um grande passo na solução de crimes. Os agentes de polícia podem alcançar esse objetivo criando uma presença virtual. Um perfil em uma rede social pode elevar o policiamento das comunidades a um novo patamar de eficiência ao oferecer meios rápidos e baratos de reunir informações cruciais tanto para a comunidade quanto para os investigadores. As redes sociais ajudam a dar à delegacia um aspecto mais humanizado, mostrando que os agentes que ali trabalham também são membros da comunidade. Esse tipo de mídia passou a ser usado com sucesso pelos órgãos de segurança para divulgar as realizações de seus funcionários, campanhas de conscientização e mensagens importantes sobre práticas de segurança na comunidade.

Com o auxílio das redes sociais, a polícia também tem promovido iniciativas de sensibilização e recrutamento. Hoje, muitas unidades policiais dispõem de uma conta própria no Twitter e no Facebook, e agentes de segurança se valem desses meios para divulgar informações importantes a seus seguidores. Em 2011, por exemplo, durante uma enchente em Queensland, na Austrália, as páginas da polícia local no Facebook tornaram-se uma fonte constante de atualizações, notícias e alertas. O perfil do órgão no Twitter também se tornou uma fonte primária de avisos para pessoas em trânsito.

USANDO AS REDES SOCIAIS PARA CONTRATAR COLABORADORES

Para construir uma relação de confiança com a comunidade e conseguir solucionar crimes, os órgãos de segurança precisam formar uma equipe com o tipo certo de profissionais. Para isso, é fundamental fazer uma investigação minuciosa dos antecedentes de cada candidato. Sites como o MySpace e o Facebook fornecem importantes dados para que os contratantes possam avaliar características pessoais dos postulantes. Com o auxílio de redes sociais de cunho profissional como o LinkedIn, os agentes de polícia e os órgãos de segurança podem obter informações do mundo inteiro, o que tem incentivado a análise crítica das técnicas de investigação empregadas e ajudado a disseminar ideias inovadoras nesses órgãos. Se você pensa em seguir a carreira policial, a maneira como você se comporta nas redes sociais pode ter um impacto direto sobre suas chances de contratação.

O MONITORAMENTO DAS REDES SOCIAIS PODE PASSAR DOS LIMITES

Embora a prática de caçar suspeitos no Facebook tenha resultado em prisões, também houve casos em que manifestantes pacíficos tiveram a prisão decretada por causa de seu engajamento nas redes sociais e da bisbilhotice dos órgãos de segurança. Durante os protestos do Occupy Wall Street, por exemplo, um juiz de Nova York determinou que tuítes públicos não seriam enquadrados na mesma categoria que conversas privadas e ordenou que o Twitter divulgasse todos os tuítes apagados das contas de manifestantes suspeitos, de modo que fossem usados como provas para a instauração de processos. Existe sempre a possibilidade de que policiais infiltrados acabem se expondo demais em certas operações que exigem a invasão de território hostil. Ao fazer uso das redes sociais, esses agentes podem adicionar suspeitos como amigos ou recorrer a emboscadas ostensivas e ainda assim ser absolvidos pelos tribunais. A questão ética surge quando alguns agentes da lei *iniciam* uma conversa criminosa e emboscam suspeitos apenas para dar uma rápida solução ao caso. A polícia pode controlar o rumo dessas conversas e usá-las como argumento de defesa caso o acusado alegue ter sido induzido a cometer o crime.

As redes sociais estão presentes de forma tão marcante no nosso cotidiano que acabaram se tornando parte indispensável do trabalho de órgãos de segurança. O uso das redes sociais traz ao mesmo tempo riscos e recompensas para as unidades policiais. Qualquer uso indevido dessas redes pode comprometer seriamente uma investigação. Entretanto, os benefícios proporcionados pelo seu uso superam em muito as desvantagens. Os sites de redes sociais têm crescido de forma exponencial. De acordo com o Institute for Criminal Justice Education (Instituto para Educação em Justiça Criminal), quase 80% dos agentes de segurança nos eua possuem um perfil ou conta em alguma rede social. E quase todos têm o potencial de usar essas mídias para prevenir e investigar crimes, bem como para fortalecer as relações públicas.

A história recente tem demonstrado que esse aglomerado de informações eletrônicas pode ajudar agentes de segurança a capturar fugitivos, apontar todos os suspeitos envolvidos em um crime, relacionar possíveis criminosos a gangues e apresentar indícios de atividades ilícitas.

35

Add as friend

SEGURANÇA
NA
INTERNET
—
—

RJ Parker // JJ Slate

SOCIAL KILLERS .COM

Quanto tempo gastamos planejando nossa segurança? Desde pequenos, começamos a aprender a importância de preservar a vida. Os bebês aprendem a não tocar nas coisas que podem machucá-los. Ensinamos nossos filhos a não falar com estranhos e a não brincar com fogo. Quando as crianças ficam um pouco mais velhas, é hora de adverti-las sobre os perigos da rua, instruindo-as a olhar para os dois lados antes de atravessar, explicando o significado das cores do semáforo e orientando-as a andar de bicicleta de maneira segura. Também as ensinamos a nadar sem descuidar das regras básicas de segurança na água, a manter distância da fina camada de gelo no lago e a, em nenhuma circunstância, abrir a porta para estranhos quando estiverem sozinhas em casa. Com o passar do tempo, as crianças entram na adolescência, aprendem a manejar ferramentas mecânicas em cursos técnicos, fazem aulas de direção para garantir a segurança ao volante e aprendem a não dirigir embriagados – tudo isso com o propósito de viver de forma mais segura. Cada geração traz consigo novas configurações sociais, inovações tecnológicas e novas regras a aprender.

Social Killers

Ao longo das décadas, as regras foram mudando de forma gradual, previsível até. Tradicionalmente, são os indivíduos adultos de uma sociedade que assumem a responsabilidade de ensinar às gerações mais jovens sobre tecnologia e segurança de modo que possam amadurecer e se tornar cidadãos produtivos. No entanto, com o advento deste extraordinário fenômeno a que chamamos internet, todas aquelas regras e estratégias consagradas, testadas e aprovadas nas quais até então depositamos comodamente nossa confiança mudaram. Algumas inovações jamais imaginaríamos ser possíveis há trinta anos. Como se isso já não fosse espantoso o suficiente, o ritmo em que a internet continua se desenvolvendo é igualmente desconcertante. Na verdade, os jovens quase sempre têm muito mais familiaridade com a internet do que os pais... Agora pense no seguinte. Um leigo dificilmente consegue explicar direito o que é a internet ou como ela se originou e evoluiu. Poderíamos talvez descrevê-la como um ambiente global, abstrato e de proporções infinitamente grandes, que toda e qualquer pessoa pode acessar mesmo sem saber exatamente o que está fazendo. É possível encontrar resposta para praticamente tudo o que pudermos imaginar. Entretanto, a verdade é que a maioria de nós não entende de fato as implicações de nossa presença na internet. Como podemos exercer nossa cidadania e perpetuar o ideal de uma vida segura quando não temos uma compreensão exata do que é a internet ou do alcance de seu poder? Como podemos, portanto, proteger nossos filhos e nós mesmos nesse tipo de ambiente?

A primeira medida a ser adotada, talvez, é educar a nós mesmos. Dizem que antes de conquistar e manter qualquer coisa sob seu domínio é necessário compreendê-la. Essa é uma maneira elegante de dizer que, para se manter seguro na internet, você precisa primeiro saber o que ela é e como fazê-la funcionar *a seu favor*, não contra você. A internet parece ter sido o resultado lógico e inevitável da evolução de incríveis tecnologias, como o telégrafo, o telefone, o rádio, a televisão e o computador. Imagine como a sociedade reagiu à adoção de cada um desses conceitos históricos. Hoje, tomamos como certo que grandes mentes do nosso tempo continuarão simplesmente avançando nessa direção. A primeira ideia do que viria a ser a internet apareceu em 1962, quando o cientista americano j.c.r. Licklider, do mit (Instituto de Tecnologia de Massachusetts) anteviu "um conjunto de computadores interconectados globalmente através do qual todos poderiam acessar rapidamente dados e programas de qualquer lugar". Em um nível ainda básico de desenvolvimento, a primeira estrutura semelhante à internet surgiu em 1969, com a invenção da arpanet (uma rede criada pela United States Defense Advanced Research Project Agency ou Agência de Projetos de Pesquisa Avançada de Defesa), que interligava diversas universidades e centros de pesquisa. A tecnologia não parou de evoluir e, em 1974, pesquisadores desenvolveram uma técnica que permitia que os computadores "conversassem entre si". A World Wide Web foi criada na década de 1990, como resultado da contínua expansão da interconexão global. Hoje em dia, a internet é uma rede global que permite a troca de informações entre milhões de computadores distribuídos por mais de cem países e que conta – segundo dados de 2014 – com quase 3 bilhões de usuários. E o que significa isso tudo? Significa que o acesso a todo tipo de informação está ao alcance de seus dedos, bem como de bilhões de outros dedos. Isso significa ainda que suas informações também podem ser acessadas por estranhos se você não tomar as devidas precauções.

 Então, quem corre perigo? Qualquer pessoa que acessa a internet, é claro. Sem o devido preparo, crianças, jovens, adultos e idosos estarão todos vulneráveis nesse ambiente virtual. Obviamente, cada uma dessas faixas etárias acessa a internet com propósitos diferentes. As crianças costumam acessá-la para jogar ou assistir aos seus programas e filmes prediletos. Os jovens gostam de usá-la para falar com os amigos por meio de salas de bate-papo ou de redes sociais, como o Facebook ou o Twitter, jogar, assistir a vídeos no YouTube e no Netflix, e muito mais. Além disso, também sabem navegar na rede para fazer o dever de casa, estudar para as provas da escola, procurar oportunidades de trabalho e pesquisar sobre a faculdade que desejam cursar. Já os adultos, por sua vez, usam a internet para acessar serviços bancários e financeiros, buscar contatos profissionais, como ferramenta de trabalho, para se divertir nas horas vagas, acessar redes sociais, fazer cursos, ler e escrever blogues, e assim por diante. A lista é interminável. E há também os idosos, que têm acessado cada vez mais a internet e tendem a usá-la para pesquisar sobre problemas de saúde; acessar sites do governo; realizar atividades financeiras, como consultas e operações bancárias ou de investimento; se divertir nas horas vagas; se dedicar a algum hobby; escrever um blogue; e até acessar redes sociais. Como os usos variam enormemente de uma faixa etária para outra, será necessário adotar diferentes estratégias de segurança na internet.

As crianças são ingênuas. Infelizmente, a época em que nossos conselhos se limitavam a "Não fale com estranhos", "Não coma doces antes do jantar" e "Olhe para os dois lados antes de atravessar" já não existe. A maioria das crianças tem acesso à internet, nem que seja de modo eventual ou por pouco tempo. Por falta de experiência de vida, elas não possuem o devido preparo para lidar com sites inadequados que inevitavelmente surgem quando navegamos na internet. Além disso, elas tendem a achar que são invencíveis e que ninguém poderia de fato prejudicá-las. Elas não entendem que correm sérios riscos ao pensar dessa forma e que existem predadores à espreita no mundo virtual, aguardando uma oportunidade para aliciá-las. Os pais podem sim proteger seus filhos dos perigos da internet, desde que estejam atentos e sigam à risca regras bem específicas. Sugerimos algumas a seguir.

- Coloque o computador em uma área visível da casa de modo que você possa supervisionar os sites que seus filhos estão acessando.
- Verifique regularmente o histórico de navegação para saber que endereços têm visitado. O mesmo vale para todos os dispositivos com acesso à internet que estejam à disposição deles (iPads, iPhones etc.).
- Estabeleça uma regra do tipo "É proibido apagar o histórico de navegação" (desrespeitá-la implicaria ter o acesso à internet suspenso).

RJ PARKER // JJ SLATE

Escolha um dentre os mecanismos de busca a seguir – apropriados para crianças – e defina como página inicial do seu navegador: www.kidoz.net/plus/index.html (para crianças de 4 anos); www.kids.aol.com/kol/1/koljr (5 anos); www.kidinfo.com (6 anos); www.askforkids.com (6 anos); www.kidsclick.org (8 anos); www.zoodles.com (8 anos); www.sweetsearch.com (13 anos); www.scholar.google.com (15 anos).

▾ Estabeleça e revise com regularidade um conjunto de regras familiares para o uso da internet, tais como: hora mais apropriada do dia para acessar a rede; limite de tempo para usar o computador por cada sessão de usuário; consentimento de um dos pais para usar a internet; criar uma lista de sites proibidos; comunicar imediatamente aos pais qualquer acesso acidental a um site inapropriado;

▾ Limite as mensagens instantâneas e e-mails a uma lista de amigos pré-aprovada;

▾ Navegue na internet junto com seus filhos para criar uma lista de favoritos baseada nos seus interesses;

▾ Saiba os nomes de usuário e senhas de seus filhos;

▾ Debata com o seu filho a diferença entre informações públicas e privadas. Chame atenção para o perigo de revelar na internet o endereço de casa, o telefone ou até a própria cidade natal. Esse é o momento ideal para adverti-los sobre a existência de predadores virtuais e como eles agem. Diga a seus filhos que alguém se fazendo passar por uma criança pode na verdade ser um adulto tentando obter informações a seu respeito. Os predadores virtuais irão quase sempre mentir para ganhar sua confiança... Eles concordarão com praticamente tudo o que a criança disser para criar afinidade. Perguntarão o nome, idade, sexo e outras informações específicas. Explique à criança que usar um nome falso na internet é melhor que usar o nome verdadeiro; ela deve usar, no máximo, o primeiro nome. Enfatize que ninguém deveria lhe pedir mais informações do que isso e oriente-a a nunca informar o nome, idade, endereço ou número de telefone na internet. Os predadores virtuais podem usar essas informações para localizar outros dados pessoais. Recomende à criança que tome muito cuidado se alguém na internet pedir para se encontrar com ela pessoalmente e, neste caso, a instrua a avisar imediatamente a um adulto! não encontre ninguém que você conheceu na internet pessoalmente! A internet não é o local adequado para fazer amigos! Relacionamentos virtuais podem ser perigosos. (Estabeleça como regra que seus filhos devem relatar a você sempre que conhecerem alguém na internet e monitore de perto as conversas.)

- Fale com seus filhos sobre pornografia e, principalmente, sobre pornografia infantil. Eles precisam entender que pornografia infantil é ilegal sempre e deve ser denunciada não apenas para os proteger como também para proteger outras crianças.

- Apresente o conceito de cyberbullying: o que é, como acontece e como se comportar no ambiente virtual. Explique a seus filhos que práticas como fofoca, assédio, humilhação, ameaças etc. caracterizam cyberbullying e que isso é ilegal. Explicite as consequências negativas desse tipo de prática: como afeta as vítimas, as medidas de retaliação que as vítimas podem tomar, as implicações jurídicas e como certos casos levaram à morte.

- Se seu filho for vítima de cyberbullying, incentive-o a se abrir e a contar tudo a você. Não reaja de forma exagerada. Em vez disso, converse sobre a situação para avaliar a gravidade do incidente. Trata-se apenas de um contato inoportuno ou há abuso emocional e/ou físico iminente? Você pode alertar a escola para que fiquem atentos a qualquer caso de bullying envolvendo seu filho e pedir que observem especialmente como ele está lidando com a situação. Você também pode buscar a orientação do médico da família ou de um líder espiritual de sua confiança. Mas, acima de tudo, leve o caso a sério. O cyberbullying pode resultar em danos permanentes e irreparáveis. Consulte *Beyond Sticks and Stones: Bullying*, de RJ Parker, para mais informações.

Os adultos, por sua vez, deveriam ter mais juízo. Em vista desse misterioso ambiente virtual em que hoje nos encontramos, porém, não é de se estranhar que a maioria de nós não tenha tanto juízo assim. Temos nosso próprio conjunto de medidas de segurança a seguir, mais condizentes com os riscos virtuais a que estamos expostos, mas, se não nos educarmos sobre o assunto, como poderemos implementar as referidas medidas? O roubo de identidade é um risco que ameaça com frequência os adultos, razão pela qual devemos tomar o máximo de cuidado para não revelar informações pessoais na internet. Uma estatística revela que vítimas de roubo de identidade perderam um total de 7 bilhões de dólares apenas em 2012. As empresas também estão em risco e perderam aproximadamente 44 bilhões de dólares naquele mesmo ano. Os números são assombrosos. Restaurar sua identidade e recuperar sua reputação podem ser tarefas árduas. O pior é que, uma vez que sua identidade tenha sido roubada, você estará ainda mais vulnerável a roubos futuros, porque grande parte da sua identificação não muda. Claro, você pode cancelar cartões de crédito e contas bancárias, mudar de endereço, alterar nomes de usuário e senhas, mas o seu nome, idade, data e local de nascimento, nome de solteira da mãe e assim por diante não podem ser alterados. Esses dados já foram descobertos e registrados por um criminoso e podem vir a ser reutilizados no futuro. Por isso, torna-se necessário fazer um esforço consciente para se proteger. Nem tudo está perdido. Há várias medidas que você pode tomar para se proteger na internet:

- Conheça as configurações de privacidade das redes sociais.
- Peça a familiares e amigos que examinem seus perfis nesses sites atentando para informações pessoais, fotos ou vídeos inapropriados que você possa ter deixado passar.
- Não compartilhe seus nomes de usuário e senhas com ninguém.
- Respeite a si mesmo e aos outros enquanto estiver conectado à internet.
- Qualquer pessoa com mais de 14 anos de idade deve monitorar seu histórico de crédito regularmente. Você pode solicitar um relatório de crédito de diversas fontes ou inclusive contratar um serviço de monitoramento de crédito para se encarregar disso para você.

- Solicite uma declaração de crédito de uma das três empresas nacionais de informações de crédito: TransUnion, Equifax, ou Experian. Essas três empresas criaram o AnnualCreditReport.com, um serviço que ajuda consumidores a obter relatórios anuais gratuitos.
- Decida se quer ou não que suas informações pessoais sejam acessíveis em listas telefônicas virtuais. Você pode limitar o acesso a suas informações ou mantê-las totalmente privadas pagando uma taxa chamada "imposto de privacidade".
- Obviamente, caso sua identidade tenha sido roubada, contate imediatamente todas as suas instituições bancárias e financeiras, bem como sua companhia de seguros e as autoridades policiais. Lembre-se de congelar seu crédito junto às três empresas de informações de crédito citadas acima.
- Se fotos ou vídeos prejudiciais a você foram expostos na internet, entre em contato com o site onde o material foi publicado. É bem possível que os administradores da página removam o material nocivo e adotem medidas disciplinares contra o infrator.
- É igualmente uma boa ideia avisar seus familiares e amigos sobre o roubo, caso eles também sejam afetados.
- Guarde seus nomes de usuário, senhas e códigos de segurança e altere-os com frequência. Nunca use o mesmo nome de usuário e senha para vários sites, já que isso provocará um efeito dominó em todas as suas contas caso uma delas seja comprometida.
- Ao criar uma nova senha, use uma combinação de letras (tanto maiúsculas como minúsculas), números e símbolos. Quanto mais complicada a combinação, mais difícil será decifrá-la.
- Códigos de segurança não devem ser números de telefone, datas de nascimento ou números sequenciais ou repetidos.
- As redes sociais são acessíveis no mundo inteiro. Cuidado para não incluir informações pessoais em seu perfil e nunca aceite pedidos de amizade de desconhecidos.

- Ao usar computadores públicos (em bibliotecas, cybercafés etc.), não realize operações com dados confidenciais, como serviços bancários, não salve nomes de usuários e senhas, sempre limpe o histórico de navegação e repare se não há ninguém espreitando por cima de seu ombro.
- Certifique-se de que seu computador está protegido por firewall, antivírus e anti-malware. Há diversos programas gratuitos e pagos que cumprem essas funções.

A presença do idoso na internet é uma tendência em rápida expansão. Como qualquer outro usuário, o idoso precisa adotar medidas de segurança na internet. É incorreto estereotipar os indivíduos de mais idade e achar que todos têm medo de lidar com ferramentas tecnológicas. Na verdade, muitos idosos são ávidos usuários da internet, que navegam, escrevem blogues, pesquisam, fazem cursos, pagam contas e muito mais. Por outro lado, há aqueles idosos mais tradicionais, que ainda não têm muita facilidade para manejar certos tipos de tecnologia. Para alguns, a noção de computador é uma fonte considerável de confusão e a internet é algo inconcebível. Mas o certo é que os idosos também precisam estar a par das novas regras que pautam a era da informação, para que possam desfrutar em segurança do fascínio da internet.

A internet pode abrir uma nova gama de possibilidades na vida do idoso, que tende a se tornar uma pessoa isolada e desatualizada. Nossos empregos, carreiras e profissões são quase sempre uma força motriz em nossas vidas. Quando chega a aposentadoria, o idoso pode sentir a necessidade de se manter produtivo. Sente falta do estímulo intelectual e dos desafios da vida profissional. Aquele ritmo acelerado e implacável de antigamente, quando tinha que trabalhar, criar uma família e lidar com a falta de tempo, pode acabar se transformando em uma quantidade excessiva de horas sem ter o que fazer. Cada vez mais, os idosos estão descobrindo o mundo da internet, onde praticamente tudo o que sempre quiseram saber está a poucos cliques de distância. A internet se tornou uma fonte rica de vida intelectual, onde podem continuar a aprender e a crescer como indivíduos.

É recomendável que os idosos se mantenham instruídos e atentos nas seguintes áreas:

- Phishing: são golpes virtuais em que os criminosos tentam convencê-lo de que são empresas legítimas e confiáveis. Esses golpes muitas vezes assumem a forma de comunicados bancários ou formulários e documentos do governo. Parecem reais e muitas vezes acabam induzindo o destinatário a divulgar informações pessoais.
- Conhecimento básico de informática: idosos tendem a ser menos familiarizados com o computador, de modo que ou terão de aprender a equipá-lo com programas de firewall e antivírus, ou terão de pedir a alguém de confiança que configure tais mecanismos de segurança para eles.
- Conhecimentos básicos de internet: conhecimentos de informática e conhecimentos de internet são duas coisas bem diferentes. Enquanto os conhecimentos de informática referem-se aos aspectos tecnológicos da máquina em si, os conhecimentos de internet envolvem compreender a natureza humana e como certos indivíduos podem usar a internet para se aproveitar dos outros. A exposição à internet ensinará os idosos a reconhecer golpes e a desconfiar da ação de criminosos, bem como o momento certo de clicar em um link.
- Idosos costumam ser mais ingênuos e podem acreditar em um e-mail afirmando que há um problema com uma de suas contas. Suspeite de comunicados que solicitam informações pessoais. Entre em contato com as instituições bancárias onde você tem conta e questione a autenticidade desses comunicados.
- E-mails provenientes de fontes desconhecidas devem ser apagados imediatamente. Abrir e-mails suspeitos possibilita a entrada de vírus no computador que podem se espalhar e comprometer o sistema operacional e sua identidade.

- Fraude da taxa adiantada (mensagens da Nigéria ou da África Ocidental): são golpes em que a vítima recebe um e-mail que oferece uma generosa compensação financeira para ajudar alguém a transferir uma quantia grande de dinheiro. O remetente alega que não consegue receber o dinheiro de determinado país e se propõe a dividi-lo com você, desde que possa usar sua conta bancária para transferir o montante. Uma vez que você forneça o número de sua conta bancária, eles podem acessá-la e sacar seu dinheiro.
- Programas maliciosos: vírus, worms, cavalos de troia, spywares e adwares são ameaças reais e podem infectar o computador com um simples clique em e-mails fraudulentos. Tenha cuidado para não abrir e-mails de remetentes desconhecidos. Lembre-se: se algo parece bom demais para ser verdade, possivelmente é falso.

A internet, com suas infinitas possibilidades, é uma realização incrível da humanidade. Mas tanto pode ser uma fonte imensurável de benefícios quanto também um canal de propagação de grandes males. Só é possível se proteger desses males através da conscientização sobre os perigos da internet e da vigilância constante. Fazer descobertas nunca foi tão fácil. Mas se envolver em um desastre pode ser igualmente fácil se você não tiver cuidado. Seja ao andar de bicicleta por uma rua movimentada pela primeira vez, seja ao navegar pela internet em busca de conhecimento, a cautela deve estar em primeiro lugar.

Este capítulo listou regras básicas de segurança que muitos já estão transgredindo. Há um recurso do Facebook, por exemplo, que julgo bastante questionável: o check-in. Os usuários utilizam esse recurso para informar aos amigos que estão em um restaurante, no shopping, na piscina etc., mas inadvertidamente também estão entregando essas informações de bandeja para potenciais agressores e criminosos. O check-in revela sua localização exata por GPS. Só ligo o GPS do meu iPhone para consultar mapas e para conferir a previsão do tempo. Por que eu divulgaria ao mundo inteiro a minha localização?

Epílogo

Epílogo

COMETER UM
ASSASSINATO NÃO
SE RESUME AO
ATO CRIMINOSO
EM SI
—
—

RJ Parker // JJ Slate

SOCIAL KILLERS .COM

Este livro é apenas uma pequena amostra do que se esconde no interior da mente brutal de um assassino. A história está cheia de centenas de outros tipos de homicidas. Os casos aqui apresentados podem oferecer uma melhor compreensão da natureza de certos seres humanos.

Como você deve ter percebido, cometer um assassinato não se resume ao ato criminoso em si. Muitas das razões que levam um indivíduo a se tornar um assassino remontam a sua infância. Infâncias problemáticas, ofensas verbais e principalmente abusos sexuais são todos fatores que contribuem para a formação de um homicida. Por mais que a motivação de um assassino não seja sempre lógica, alguns criminosos têm noção da gravidade de suas ações, mesmo depois de afastados da sociedade.

No desfecho de muitas das histórias selecionadas para compor este livro, os parentes das vítimas puderam superar o impacto da tragédia e prosseguir com as próprias vidas, ainda que isso não mitigasse a tristeza pela perda de um ente querido. Outros não tiveram a mesma sorte, pois, além de tirar a vida de um ente querido, os assassinos causaram dor e sofrimento a amigos e familiares.

Por fim, esperamos que este trabalho sirva de contribuição e referência para a história criminal da humanidade, principalmente no que se refere a homicidas que, para cometer seus crimes, contam com a tecnologia dos dias de hoje.

Obrigado por comprar e ler nosso livro *Social Killers: Amigos Virtuais, Assassinos Reais.* Somos extremamente privilegiados por ter o apoio de uma comunidade tão generosa de fãs. Muita gente nos pergunta se há alguma outra forma de contribuir com nosso trabalho. Agradeceríamos se você dedicasse alguns minutos do seu tempo a escrever uma curta resenha sobre o livro no site de compra. As resenhas são de grande importância para nós, autores, e sempre ficaremos contentes de saber sua opinião. Agradecemos pelo apoio!

Cordialmente,
RJ Parker e JJ Slate

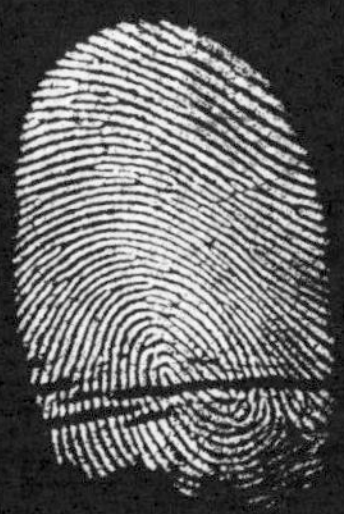

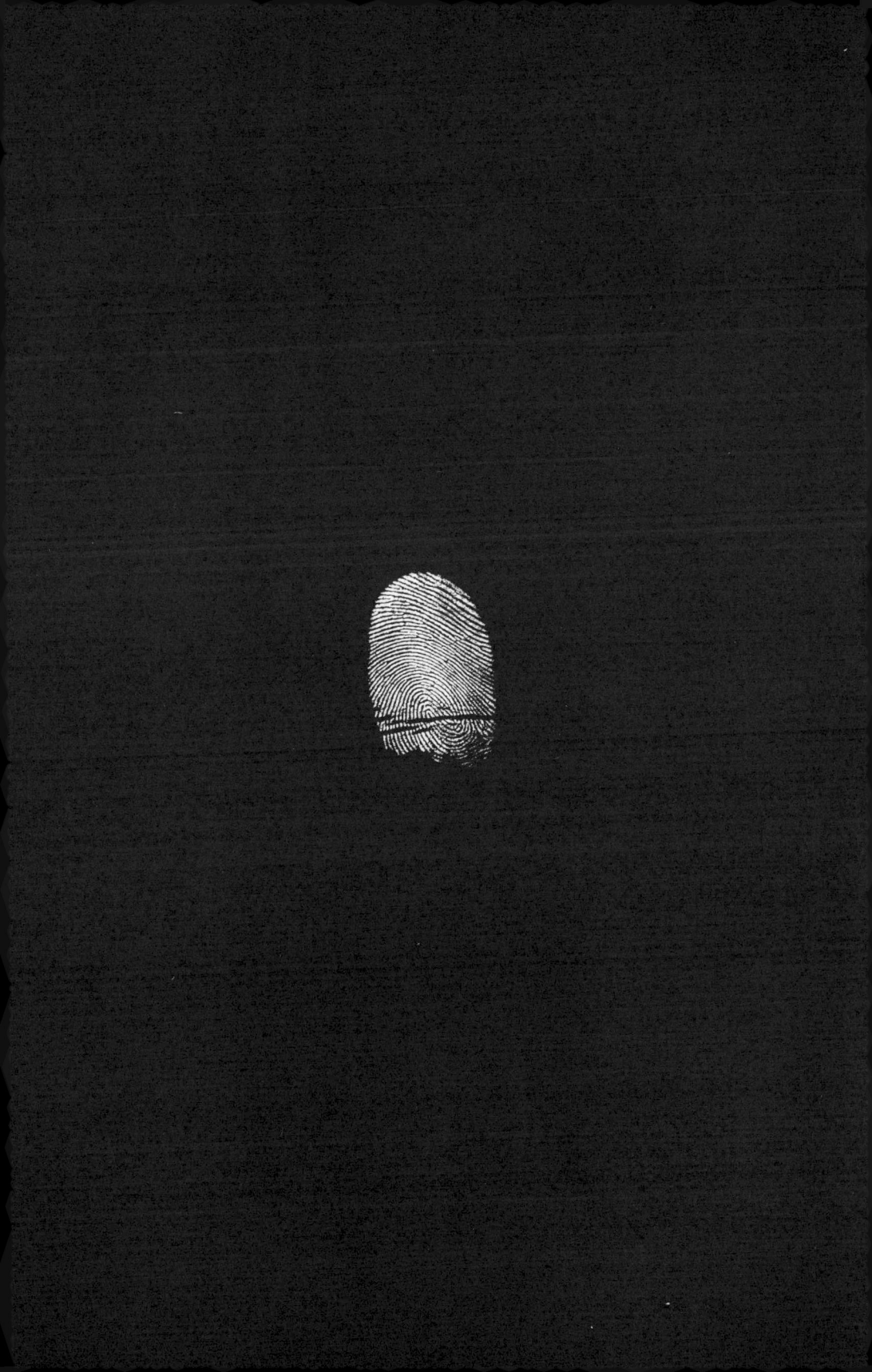

RJ PARKER
JJ SLATE

RJ PARKER é autor de best-sellers sobre crimes verídicos e especialista em serial killers. Seus livros mais conhecidos são: TOP CASES of The FBI, Serial Killer Case Files e Cold Blooded Killers. A maior parte das obras é de exclusividade da Amazon.

RJ Parker nasceu e cresceu em Newfoundland e hoje mora em Ontário e em Newfoundland, no Canadá. Parker se tornou escritor depois que adquiriu espondilite anquilosante. Trabalhou por 25 anos em diversas repartições do governo e possui duas certificações profissionais.

RJ já doou mais de 2 mil livros para as tropas aliadas no exterior e para os militares feridos que se recuperam em hospitais da Marinha e do Exército no mundo inteiro. Também doa parte dos royalties à organização Victims of Violent Crimes (Vítimas de Crimes Violentos). Saiba mais em RJParkerPublishing.com.

JJ SLATE é autora de best-sellers sobre crimes verídicos. Nascida em Massachusetts, a escritora sempre foi fascinada por histórias policiais verídicas, principalmente quando se trata de pessoas desaparecidas e casos sem solução. Este é o segundo livro em parceria com a RJ Parker Publishing, Inc. Sua primeira obra, *Missing Wives*, é uma coletânea de histórias reais de esposas desaparecidas. Foi lançado em junho de 2014 e entrou rapidamente na lista de mais vendidos da Amazon. A autora tem diversos lançamentos previstos para 2015 e 2016.

JJ Slate mora atualmente em New England com o marido. Quando não está trabalhando em seu próximo livro, a escritora se dedica ao blog, no qual comenta casos de grande repercussão na mídia. Saiba mais em jenniferjslate.com.

BIBLIOGRAFIA DE RJ PARKER

Social Media Monsters: Internet Killers 2014
Serial Killers Abridged 2014
Parents Who Killed Their Children 2014
Beyond Sticks and Stones 2014
Serial Killers True Crime Anthology 2014, Vol. I 2013
Cold Blooded Killers 2013
Serial Killers Case Files 2013
Case Closed: Serial Killers Captured 2012
Doctors Who Killed 2012
Rampage: Spree Killers 2012
Top Cases of the fbi 2012
Serial Killer Compendium 2012
Women Who Kill 2011
Unsolved Serial Killings 2011

SOCIAL KILLERS .COM

PERMANECEREMOS CONECTADOS ATÉ O FIM

CRIME SCENE®
DARKSIDE